미래와 통하는 책

동양북스 외국어
베스트 도서
700만 독자의 선택!

새로운 도서,
다양한 자료
동양북스
홈페이지에서
만나보세요!

www.dongyangbooks.com
m.dongyangbooks.com

※ 학습자료 및 MP3 제공 여부는 도서마다 상이하므로 확인 후 이용 바랍니다.

홈페이지 도서 자료실에서 학습자료 및 MP3 무료 다운로드

PC

❶ 홈페이지 접속 후 도서 자료실 클릭
❷ 하단 검색 창에 검색어 입력
❸ MP3, 정답과 해설, 부가자료 등 첨부파일 다운로드
　* 원하는 자료가 없는 경우 '요청하기' 클릭!

MOBILE

* 반드시 '인터넷, Safari, Chrome' App을 이용하여 홈페이지에 접속해주세요. (네이버, 다음 App 이용 시 첨부파일의 확장자명이 변경되어 저장되는 오류가 발생할 수 있습니다.)

❶ 홈페이지 접속 후 ☰ 터치

❷ 도서 자료실 터치

❸ 하단 검색창에 검색어 입력
❹ MP3, 정답과 해설, 부가자료 등 첨부파일 다운로드
　* 압축 해제 방법은 '다운로드 Tip' 참고

일본어뱅크

요로시쿠 일본어

오기노 신사쿠·주인원·기타노 다카시·우미노 와카미·
후까마치 마리·강미진 공저

한광수 감수

1

STEP

동양북스

일본어뱅크

요로시쿠
일본어 STEP 1

초판 8쇄 | 2024년 4월 10일

저   자 | 오기노 신사쿠·주인원·기타노 다카시·우미노 와카미·후까마치 마리·강미진
감   수 | 한광수
발행인 | 김태웅
책임 편집 | 길혜진, 이서인
일러스트 | 김정은
디자인 | 남은혜, 김지혜
마케팅 총괄 | 김철영
온라인 마케팅 | 김은진
제   작 | 현대순

발행처 | (주)동양북스
등   록 | 제 2014-000055호
주   소 | 서울시 마포구 동교로22길 14 (04030)
구입 문의 | 전화 (02)337-1737   팩스 (02)334-6624
내용 문의 | 전화 (02)337-1762   dybooks2@gmail.com

ISBN 979-11-5768-538-7 14730
       979-11-5768-537-0 (세트)

이 도서의 국립중앙도서관 출판예정도서목록(CIP)은 서지정보유통지원시스템 홈페이지(http://seoji.nl.go.kr)와 국가
자료종합목록 구축시스템(http://kolis-net.nl.go.kr)에서 이용하실 수 있습니다.
(CIP제어번호:CIP2019029714)

머리말

최근에 한국에서는 일본 여행이 다시 한 번 각광을 받고 있습니다. 일본 관광청의 통계에 따르면 2018년에 일본을 방문한 한국인 여행객은 무려 750만 명을 넘었으니 국민의 약 15명 중 1명이 일본 여행을 떠난 셈입니다. 이처럼 일본 여행이 인기를 얻으면서 대학을 비롯한 각종 교육기관에서는 일본어 학습자가 증가하는 추세에 있다고 합니다. 이러한 열풍에 힘입어 일본 여행을 위한 일본어 교재도 잇따라 출판되고 있습니다. 실제로 서점에 가 보면 많은 일본어 책들이 진열되어 있고 선생님들이나 학생들 입장에서는 어떤 교재를 골라야 할지 고민하게 될 것입니다.

이 교재는 이러한 학습자들의 고민을 해결하기 위해 만들었습니다. 일본 여행을 위해 짧은 시간에 효율적으로 일본어 회화 능력을 습득하는 것을 목적으로 일본어를 처음으로 배우는 학습자에게 적합하도록 설계하였습니다. 이 교재는 다른 일본어 교재와 다른 세 가지 차별성을 갖습니다.

첫째, 학습 내용의 실용성입니다. 이 교재는 대화문을 비롯하여 문법 설명에 필요한 예문에 이르기까지 어휘, 문법, 표현 3개의 차원에서 모두 일본 사람들이 현지에서 실제로 사용하는 것들로만 구성하였습니다. 또한 연습 문제는 회화에 필요한 말하기와 듣기 연습을 중심으로 구성하여 말하고 듣는 연습을 강화시킴으로써 짧은 시간에 효율적으로 회화 능력을 기를 수 있도록 하였습니다.

둘째, 학습의 용이성과 효율성입니다. 외국어 학습에서 가장 힘든 부분이 암기입니다. 교재에 되도록 많은 어휘, 문법, 표현을 실어 많은 지식을 학습자에게 제공하는 것도 좋지만 이것이 결국 외국어 학습 입문 시기에서는 큰 부담이 됩니다. 이 교재는 기존의 교재에 있던 선택적인 어휘, 문법, 표현을 제외하고 일본 여행 때 회화에 필요한 최소한의 것들로만 구성하여 기존의 교재 대비 75% 정도의 학습 부담으로 일본 여행에 필요한 모든 것을 쉽게 배울 수 있습니다.

셋째, 현장성입니다. 일본어 교재를 통해 마치 일본 여행 중인 것처럼 느낄 수 있도록 일본에 도착할 때부터 떠날 때까지 학습자들이 자주 찾아가는 곳들을 배경으로 각 단원의 대화문을 순서대로 구성하였습니다. 또한 현장감을 더하기 위해 일본 여행에 도움이 되는 일본 문화와 관련된 조언이나 한 번은 가 볼 만한 음식점이나 상점을 소개하는 일본 여행 맛보기 파트를 각 단원마다 추가하였습니다.

이 교재는 일본 여행에 큰 도움이 되었으면 하는 마음으로 구성하였으며 한 학기 동안 일본어를 배운 다음에 방학 때 일본 여행을 가서 교재에서 배운 표현들을 실제로 사용했으면 하는 바람입니다.

저자 일동

이 책의 구성

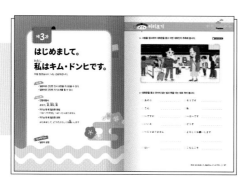

들어가기

각 과의 학습 목표와 학습 내용을 미리 살펴봅니다.

미리보기

그림과 음성을 통해 대화의 내용을 추측해 봅니다.
또한 '회화'에 나올 주요 단어가 미리 제시되어 있어
예습과 복습에 활용할 수 있습니다.

단어

'회화'에 나오는 주요 단어들의 읽기와 뜻을 제시해
두었습니다.

회화

일본 여행을 주제로, 실용적인 대화문을 구성하였
으며, 대화문 아래에는 더욱 자연스러운 일본어
회화를 위한 팁을 실었습니다.

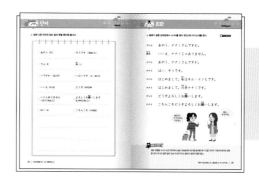

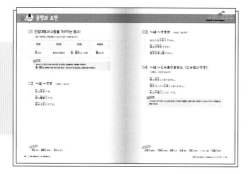

문형과 표현

각 과의 주제와 관련된 주요 문형과 표현들을
다양한 예문과 함께 실었습니다. 일본 여행에서
활용도가 높은 단어와 예문으로 구성하여 쉽고
재미있게 공부할 수 있습니다.

말하기 연습

'문형과 표현'에서 배운 내용을 토대로 단어를 바꿔 말해 보면서 말하기 기초를 탄탄히 다지고 바로 실제 회화에서 쓸 수 있도록 도와줍니다.

듣기 연습

'빈칸 채우기', '질문에 알맞은 답 고르기' 등의 연습을 통해 자연스러운 발음을 익히고, 일본어 듣기 자신감을 키울 수 있습니다.

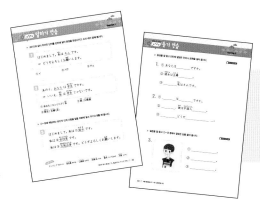

플러스 회화

'회화'에서 한 단계 더 나아간 실용적인 회화문 입니다. 일본 여행에서 도움이 될 만한 단어와 표현으로 구성하여 재미있게 공부할 수 있습니다.

일본 여행 맛보기

일본 여행에 도움이 되는 문화 상식을 비롯하여 한번은 가 볼 만한 음식점이나 상점 등을 소개 하였습니다.

권말 부록

권말에는 본문에 나온 '회화 해석'과 '듣기 연습 스크립트' 등을 수록하였습니다.

차례

머리말 · 003

이 책의 구성 · 004

차례 · 006

제1과 ひらがなと発音① · 008
히라가나와 발음①

제2과 カタカナと発音② · 022
가타카나와 발음②

제3과 はじめまして。私はキム・ドンヒです。 · 036
처음 뵙겠습니다. 나는 김동희입니다.

제4과 これは電車の切符です。 · 048
이것은 전철 표입니다.

제5과 始発は午前４時半です。 · 060
첫차는 아침 4시반입니다.

제6과 1500円でお願いします。 · 072
1500엔으로 부탁드립니다.

제7과
今日から2泊3日の予約です。 ・084
오늘부터 2박3일의 예약입니다.

제8과
トイレはあそこのATMの右にあります。 ・096
화장실은 저기 ATM 오른쪽에 있습니다.

제9과
小さくて丸い湿布です。 ・108
작고 동그란 파스입니다.

제10과
味噌はまろやかで、豚骨は濃厚です。 ・120
미소는 순하고 돈코쓰는 진합니다.

제11과
私は赤身が好きなので、マグロを頼みます。 ・132
나는 붉은 살을 좋아하니까 참치를 주문하겠습니다.

제12과
タワーとかお寺とか観光地を見たいです。 ・144
타워라든지 절이라든지 관광지를 보고 싶습니다.

부록

본문 회화 해석 ・158

듣기 연습 스크립트 ・161

트랙 목차 ・164

ひらがなと発音①
はつおん

히라가나와 발음①

학습 목표

- 히라가나를 정확히 표기할 수 있다.
- 청음(무성음)과 탁음(유성음)을 구분하여 발음할 수 있다.
- 한국어에 없는 일본어 발음을 구사할 수 있다.

학습 내용

- 일본어의 문자① - 히라가나
- 일본어의 발음 식별 방법
- 히라가나 50음도표
- 발음① 및 쓰기 연습(청음, 탁음, 반탁음)
- 읽기 연습
- 일본어 로마자 입력법①

일본어의 문자 ① -히라가나

▶ 히라가나는 초급(입문) 학습자가 꼭 외워야 하는 문자

히라가나는 가타카나(カタカナ), 한자(漢字. かんじ)와 함께 일본어 문자 체계를 구성하는 3개의 요소 중 하나이다. 히라가나는 처음으로 학습하는 가장 기본적인 문자이며 꼭 외워야 하는 문자이다.

▶ 히라가나는 한자를 바탕으로 만든 문자

히라가나는 한자를 초체화(草体化. そうたいか), 즉 획수를 생략하여 만든 것이다. 히라가나는 이미 8세기 말의 문헌에 등장한 바 있으며 공적으로 사용하게 된 것은 9세기 후반으로 알려져 있다.

> **포인트**
>
> 히라가나는 일본어에서만 사용하는 문자이지만 한국어의 한글처럼 아예 처음부터 새롭게 창조된 문자가 아니다. 아래 표처럼 히라가나는 원래 하나의 히라가나에 그 바탕이 된 한자가 하나씩 있다. 또한 히라가나는 누가 만들었는지 알 수 없는 문자이다.

あ	安	い	以	う	宇	え	衣	お	於
か	加	き	幾	く	久	け	計	こ	己
さ	左	し	之	す	寸	せ	世	そ	曽
た	太	ち	知	つ	川	て	天	と	止
な	奈	に	仁	ぬ	奴	ね	祢	の	乃
は	波	ひ	比	ふ	不	へ	部	ほ	保
ま	末	み	美	む	武	め	女	も	毛
や	也			ゆ	由			よ	与
ら	良	り	利	る	留	れ	礼	ろ	呂
わ	和	(ゐ	為)			(ゑ	恵)	を	遠
ん	无								

일본어의 문자 ① -히라가나

▶ 히라가나는 46개로 구성된 문자

현행 표기법에서 히라가나는 46개이다. 히라가나를 순서대로 표로 정리한 것을 오십음도(五十音図. ごじゅうおんず)라고 하는데 이는 옛 표기법 때 있었던 히라가나를 포함한 숫자이다. 현행 표기법은 옛 히라가나를 제외한 46개로 구성되어 있다.

▶ 히라가나는 조사, 어미 등에 주로 쓰이는 문자

히라가나는 일본어 문장에서 조사나 어미, 한자가 없는 단어 혹은 단어의 일부 등에 주로 사용된다.

일본어의 발음 식별 방법

▶ 일본어 발음은 쉽지 않다.

많은 한국 사람들이 일본어를 학습할 때 발음을 쉽게 생각하는 경향이 있다. 하지만 일본어보다 다양한 종류의 발음이 존재하는 한국어를 모어로 하는 한국 사람들에게도 일본어의 발음을 완벽하게 습득하는 것은 결코 쉬운 일이 아니다. 그것은 한국어와 일본어가 근본적으로 발음 식별 방법이 다르기 때문이다.

▶ 일본어는 무성음과 유성음을 식별한다.

일본어는 무성음과 유성음을 식별, 즉 성대의 울림으로 소리를 식별하는 언어라는 측면에서 입에서 내보내는 공기의 세기나 길이로 소리를 식별하는 한국어와 발음 식별 방법이 다르다. 그 때문에 한국 사람들은 일본어의 か(ka)와 が(ga)에 대표되는 '무성음과 유성음으로 달리하는 발음'을 모국어인 한국어처럼 입에서 내보내는 공기의 세기나 길이로 식별하려고 하기 때문에 일본 사람들이 발음하는 か(ka)와 が(ga)를 식별 못하는 경우가 많다. 다만, 최근에는 어릴 때부터 영어교육을 받은 한국인이 많기 때문에 이미 무성음과 유성음을 식별할 수 있는 사람들도 있다.

▶ 유성음을 내는 연습을 해야 한다.

무성음을 식별하려면 성대의 울림의 정도에 주의를 기울여야 한다. 한국 사람들의 한국어 발음이 무성음에 가깝기 때문에 일본어의 か(ka)처럼 무성음일 때는 평소 한국어로 발음하듯이 발음하고 일본어의 が(ga)처럼 유성음일 때는 성대를 울려서 진동을 확실히 느낄 수 있게 발음하는 연습이 필요하다. 특히 초성에 올 때 무성음이 되는 경향이 강하기 때문에 각별히 주의가 필요하다. 유성음이 제대로 되어 있으면 유성음을 발음할 때 코 등에 미세한 진동을 느낄 수 있다.

히라가나 50음도표

행＼단	あ段	い段	う段	え段	お段
あ行	あ [a]	い [i]	う [u]	え [e]	お [o]
か行	か [ka]	き [ki]	く [ku]	け [ke]	こ [ko]
さ行	さ [sa]	し [shi]	す [su]	せ [se]	そ [so]
た行	た [ta]	ち [chi]	つ [tsu]	て [te]	と [to]
な行	な [na]	に [ni]	ぬ [nu]	ね [ne]	の [no]
は行	は [ha]	ひ [hi]	ふ [fu]	へ [he]	ほ [ho]
ま行	ま [ma]	み [mi]	む [mu]	め [me]	も [mo]
や行	や [ya]		ゆ [yu]		よ [yo]
ら行	ら [ra]	り [ri]	る [ru]	れ [re]	ろ [ro]
わ行	わ [wa]				を [o]
					ん [n]

💡 포인트

히라가나를 외울 때는 위의 표에 나열되어 있는 순서대로 외울 필요가 있다. 순서대로 규칙 있게 외워 두면 이 교재의 마지막 과에서 배울 일본어 동사 활용 학습에 많은 도움이 된다. 특히 각 행의 う단에 있는 히라가나를 기준으로 하여 그 왼쪽인 い단에 있는 히라가나가 무엇인지 외워 두는 것이 중요하다. 예를 들어, く라는 히라가나가 있다면 く를 기준으로 하여 그 왼쪽에 き가 있음을 외워야 한다는 뜻이다.

발음① 및 쓰기 연습(청음, 탁음, 반탁음)

1. 청음(淸音. せいおん)

▶ あ행은 '아, 이, 우, 에, 오'와 같이 발음하면 된다.

あ	い	う	え	お
[a]	[i]	[u]	[e]	[o]
あ	い	う	え	お

▶ か행은 '가, 기, 구, 게, 고'를 무성음으로 발음하면 된다.

か	き	く	け	こ
[ka]	[ki]	[ku]	[ke]	[ko]
か	き	く	け	こ

▶ さ행은 '사, 시, 스, 세, 소'와 같이 발음하면 된다. Track 01-04

さ	し	す	せ	そ
[sa]	[shi]	[su]	[se]	[so]
さ	し	す	せ	そ

> **포인트**
> か행(た행도 동일함)은 무성음으로 발음하기 어려우면 카, 키, 쿠, 케, 코와 같이 발음하되 입에서 내보내는 공기의 세기를 낮춰야 한다.

🎧 Track 01-05

▶ た행은 つ를 제외하고 '다, 지, 데, 도'를 무성음으로 발음하면 된다. つ는 발음할 때 입을 완전히 옆으로 벌리지 않고 입천장에 닿는 혀를 조금 앞으로 내밀면 된다.

た	ち	つ	て	と
[ta]	[chi]	[tsu]	[te]	[to]
た	ち	つ	て	と

▶ な행은 '나, 니, 누, 네, 노'와 같이 발음하면 된다.

🎧 Track 01-06

な	に	ぬ	ね	の
[na]	[ni]	[nu]	[ne]	[no]
な	に	ぬ	ね	の

🎧 Track 01-07

▶ は행은 '하, 히, 후, 헤, 호'와 같이 발음하되 ㅎ 발음을 조금 더 세게 발음해야 한다.

は	ひ	ふ	へ	ほ
[ha]	[hi]	[hu]	[he]	[ho]
は	ひ	ふ	へ	ほ

> 📌 **포인트**
>
> 아침 인사말은 일본어로 おはよう(오하요)인데 한국 사람들이 발음하면 일본 사람들에게는 おあよう(오아요)처럼 들리니 조심해야 한다.

▶ ま행은 '마, 미, 무, 메, 모'와 같이 발음하면 된다. Track 01-08

ま	み	む	め	も
[ma]	[mi]	[mu]	[me]	[mo]
ま	み	む	め	も

▶ や행은 '야, 유, 요'와 같이 발음하면 된다. Track 01-09

や		ゆ		よ
[ya]		[yu]		[yo]
や		ゆ		よ

▶ ら행은 '라, 리, 루, 레, 로'와 같이 발음하면 된다. Track 01-10

ら	り	る	れ	ろ
[ra]	[ri]	[ru]	[re]	[ro]
ら	り	る	れ	ろ

🎧 Track 01-11

▶ わ행은 '와, 오'와 같이 발음하면 된다. 오로 발음하는 것이 'お'와 'を'가 있는데 を는 조사 '을/를'을 나타낼 때만 사용된다.
ん은 ㄴ 받침으로 생각하면 된다. 유일하게 단어 첫마디에 못 오는 글자이다.

わ	を	ん
[wa]	[o]	[n]
わ	を	ん

2. 탁음(濁音. だくおん)

▶ が행은 '가, 기, 구, 게, 고'를 유성음으로 발음하면 된다.   🎧 Track 01-12

が	ぎ	ぐ	げ	ご
[ga]	[gi]	[gu]	[ge]	[go]
が	ぎ	ぐ	げ	ご

🎧 Track 01-13

▶ ざ행은 '자, 지, 즈, 제, 조'와 같이 발음을 하되 입천장에 닿는 혀의 위치가 윗니 뒤쪽에 닿도록 발음해야 한다.

ざ	じ	ず	ぜ	ぞ
[za]	[ji]	[zu]	[ze]	[zo]
ざ	じ	ず	ぜ	ぞ

▶ だ행은 '다, 지, 즈, 데, 도'를 유성음으로 발음하면 된다. Track 01-14

だ	ぢ	づ	で	ど
[da]	[ji]	[zu]	[de]	[do]
だ	ぢ	づ	で	ど

▶ ば행은 '바, 비, 부, 베, 보'와 같이 발음하면 된다. Track 01-15

ば	び	ぶ	べ	ぼ
[ba]	[bi]	[bu]	[be]	[bo]
ば	び	ぶ	べ	ぼ

3. 반탁음(半濁音. はんだくおん)

Track 01-16

▶ ぱ행은 '파, 피, 푸, 페, 포'로 발음하되, 입에서 내보내는 공기의 길이와 세기를 조금 낮춰야 한다.

ぱ	ぴ	ぷ	ぺ	ぽ
[pa]	[pi]	[pu]	[pe]	[po]
ぱ	ぴ	ぷ	ぺ	ぽ

포인트

だ행의 'ぢ', 'づ'는 ざ행의 'じ', 'ず'와 같은 발음이다.

Track 01-17

① い
② ろ
③ は
④ に
⑤ ほ
⑥ へ
⑦ と
⑧ ち
⑨ り
⑩ ぬ
⑪ る
⑫ を
⑬ わ
⑭ か
⑮ よ
⑯ た

⑰ れ
⑱ そ
⑲ つ
⑳ ね
㉑ な
㉒ ら
㉓ む
㉔ う
㉕ の
㉖ お
㉗ く
㉘ や
㉙ ま
㉚ け
㉛ ふ
㉜ こ

㉝ え
㉞ て
㉟ あ
㊱ さ
㊲ き
㊳ ゆ
㊴ め
㊵ み
㊶ し
㊷ ひ
㊸ も
㊹ せ
㊺ す
㊻ ん

① えき(역)

② のりば(승차장)

③ れつ(줄)

④ ふね(배)

⑤ ざせき(좌석)

⑥ かいさつ(개찰)

⑦ さいふ(지갑)

⑧ にもつ(짐)

⑨ ちかてつ(지하철)

⑩ まどぐち(창구)

⑪ たべもの(먹을 것)

⑫ のりかえ(환승)

⑬ でぐち(출구)

⑭ まちあいしつ(대합실)

⑮ おかね(돈)

⑯ ゆきさき(행선지)

⑰ おつり(거스름돈)

⑱ ちず(지도)

⑲ のみもの(마실 것)

⑳ いりぐち(입구)

포인트

① 선의 길이 차이
   'い'와 'り'를 헷갈리는 사람들이 많다.
   'い'는 왼쪽 선이 길고, 'り'는 오른쪽 선이 길다.
② 글자의 방향 차이
   'さ'와 'ち'를 헷갈리는 사람들이 많다.
   'さ'는 왼쪽으로 구부러지고, 'ち'는 오른쪽으로 구부러진다.
③ 동그라미의 유무 차이
   'ぬ'와 'め', 'ね'와 'わ', 'る'와 'ろ'를 헷갈리는 사람들이 많다.
   'ぬ', 'ね', 'る'는 동그라미가 있고, 'め', 'わ', 'ろ'는 동그라미가 없다.
④ 선의 수 차이
   'は'와 'ほ'를 헷갈리는 사람들이 많다.
   'は'는 옆으로 긋는 선이 하나이고, 'ほ'는 두 개이다.

일본 문화

휴대폰, 컴퓨터로 일본어 로마자 입력법①

あ [a]	い [i]	う [u]	え [e]	お [o]
か [ka]	き [ki]	く [ku]	け [ke]	こ [ko]
さ [sa]	し [si/shi]	す [su]	せ [se]	そ [so]
た [ta]	ち [ti/chi]	つ [tu/tsu]	て [te]	と [to]
な [na]	に [ni]	ぬ [nu]	ね [ne]	の [no]
は [ha]	ひ [hi]	ふ [hu/fu]	へ [he]	ほ [ho]
ま [ma]	み [mi]	む [mu]	め [me]	も [mo]
や [ya]		ゆ [yu]		よ [yo]
ら [ra]	り [ri]	る [ru]	れ [re]	ろ [ro]
わ [wa]		を [wo]		ん [nn]
が [ga]	ぎ [gi]	ぐ [gu]	げ [ge]	ご [go]
ざ [za]	じ [zi/ji]	ず [zu]	ぜ [ze]	ぞ [zo]
だ [da]	ぢ [di]	づ [du]	で [de]	ど [do]
ば [ba]	び [bi]	ぶ [bu]	べ [be]	ぼ [bo]
ぱ [pa]	ぴ [pi]	ぷ [pu]	ぺ [pe]	ぽ [po]

カタカナと発音②
はつおん

가타카나와 발음②

학습 목표

• 가타카나의 역할을 이해하고 정확히 표기할 수 있다.

• 히라가나와 가타카나를 구분하여 표기할 수 있다.

• 장음으로 대표되는 어려운 특수 발음을 인지하고 정확히 발음할 수 있다.

학습 내용

• 일본어의 문자 ② – 가타카나

• 가타카나 50음도표

• 가타카나 쓰기 연습

• 발음 ②(요음, 촉음, 발〈撥〉음, 장음)

• 읽기 연습

• 잘 쓰는 인사 표현

• 일본어 로마자 입력법 ②

일본어의 문자 ② -가타카나

▶ 가타카나는 초급(입문) 학습자가 외웠으면 하는 문자

가타카나는 히라가나(ひらがな), 한자(漢字. かんじ)와 함께 일본어 문자 체계를 구성하는 3개의 요소 중 하나이다. 가타카나는 히라가나와 함께 일본의 일상생활에서 자주 사용되는 문자인 만큼 일본 여행에도 필요한 문자이지만 초급(입문) 학습자에게 우선순위가 높은 문자는 히라가나이다. 일단 히라가나를 완벽하게 외운 다음에 가타카나를 외우는 것이 좋다.

▶ 가타카나도 한자를 바탕으로 만든 문자

가타카나는 한자의 일부(부수)를 그대로 문자로 삼은 것이다. 7세기 말부터 한자의 일부를 이용하여 그 한자 대신에 사용하기 시작하였는데 현재와 같은 모양으로 굳어진 것은 12세기쯤으로 알려져 있다.

> **포인트**
>
> 가타카나도 히라가나와 마찬가지로 새롭게 창조된 문자가 아니다. 아래 표의 오른쪽 글자처럼 가타카나도 원래 하나의 가타카나에 그 바탕이 된 한자가 하나씩 있다. 가타카나 역시 누가 만들었는지 알 수 없는 문자이다.

ア	阿	イ	伊	ウ	宇	エ	江	オ	放
カ	加	キ	機	ク	久	ケ	介	コ	己
サ	散	シ	之	ス	須	セ	世	ソ	曽
タ	多	チ	千	ツ	川	テ	天	ト	止
ナ	奈	ニ	仁	ヌ	奴	ネ	祢	ノ	乃
ハ	八	ヒ	比	フ	不	ヘ	部	ホ	保
マ	末	ミ	三	ム	牟	メ	女	モ	毛
ヤ	也			ユ	由			ヨ	與
ラ	良	リ	利	ル	流	レ	礼	ロ	呂
ワ	和	(ヰ	井)			(ヱ	恵)	ヲ	乎
ン	尓								

일본어의 문자 ② -가타카나

▶ **가타카나도 46개로 구성된 문자**

현행 표기법에서는 가타카나도 46개이다.

▶ **가타카나는 외래어, 외국어에 주로 쓰이는 문자**

가타카나는 일본어 문장에서 주로 외래어, 외국의 인명과 지명, 의태어와 의성어 등에 사용된다. 또한 원래 한자나 히라가나로 표기하지만 일부러 가타카나로 표기하여 강조, 특수한 의미 등을 나타내기도 한다.

가타카나 50음도표

행\단	ア段^{だん}	イ段^{だん}	ウ段^{だん}	エ段^{だん}	オ段^{だん}
ア行^{ぎょう}	ア [a]	イ [i]	ウ [u]	エ [e]	オ [o]
カ行^{ぎょう}	カ [ka]	キ [ki]	ク [ku]	ケ [ke]	コ [ko]
サ行^{ぎょう}	サ [sa]	シ [shi]	ス [su]	セ [se]	ソ [so]
タ行^{ぎょう}	タ [ta]	チ [chi]	ツ [tsu]	テ [te]	ト [to]
ナ行^{ぎょう}	ナ [na]	ニ [ni]	ヌ [nu]	ネ [ne]	ノ [no]
ハ行^{ぎょう}	ハ [ha]	ヒ [hi]	フ [fu]	ヘ [he]	ホ [ho]
マ行^{ぎょう}	マ [ma]	ミ [mi]	ム [mu]	メ [me]	モ [mo]
ヤ行^{ぎょう}	ヤ [ya]		ユ [yu]		ヨ [yo]
ラ行^{ぎょう}	ラ [ra]	リ [ri]	ル [ru]	レ [re]	ロ [ro]
ワ行^{ぎょう}	ワ [wa]				ヲ [o]
					ン [n]

Track 02-02

ア	イ	ウ	エ	オ
ア	イ	ウ	エ	オ

Track 02-03

カ	キ	ク	ケ	コ
カ	キ	ク	ケ	コ

Track 02-04

サ	シ	ス	セ	ソ
サ	シ	ス	セ	ソ

Track 02-05

タ	チ	ツ	テ	ト
タ	チ	ツ	テ	ト

포인트

히라가나의 'か'와 가타카나의 'カ'를 구분하여 쓴다.
가타카나의 'シ'와 가타카나의 'ツ'를 구분하여 쓴다

Track 02-06

ナ	ニ	ヌ	ネ	ノ
ナ	ニ	ヌ	ネ	ノ

Track 02-07

ハ	ヒ	フ	ヘ	ホ
ハ	ヒ	フ	ヘ	ホ

Track 02-08

マ	ミ	ム	メ	モ
マ	ミ	ム	メ	モ

포인트

가타카나 'ミ'의 선의 방향에 주의해야 한다.
히라가나의 'も'와 가타카나의 'モ'를 구분하여 쓴다.
가타카나 'コ'와 가타카나 'ユ'를 구분하여 쓴다.

가타카나 쓰기 연습

Track 02 09

ヤ		ユ		ヨ
ヤ		ユ		ヨ

Track 02-10

ラ	リ	ル	レ	ロ
ラ	リ	ル	レ	ロ

Track 02-11

ワ		ヲ		ン
ワ		ヲ		ン

포인트

히라가나의 'り'와 가타카나의 'リ'를 구분하여 쓴다.
가타카나의 'ソ'와 가타카나의 'ン'을 구분하여 쓴다.

발음② 및 쓰기 연습(요음, 촉음, 발음, 장음)

1. 요음(拗音. ようおん)

▶ 요음(구부러진 소리라는 의미이다.)

い단에 속하는 글자에 작은 크기의 ゃ, ゅ, ょ를 붙여서 표기한다. 두 글자로 표기하지만 실제로 발음할 때는 한 글자처럼 발음해야 한다.

예를 들어, きゃ의 발음은 き(ki)+ゃ(ya) =きゃ(kiya)가 아니라 きゃ(kya)가 된다.

Track 02-12

きゃ [kya]	きゃ	きゅ [kyu]	きゅ	きょ [kyo]	きょ
ぎゃ [gya]	ぎゃ	ぎゅ [gyu]	ぎゅ	ぎょ [gyo]	ぎょ
しゃ [sha]	しゃ	しゅ [shu]	しゅ	しょ [sho]	しょ
じゃ [ja]	じゃ	じゅ [ju]	じゅ	じょ [jo]	じょ
ちゃ [cha]	ちゃ	ちゅ [chu]	ちゅ	ちょ [cho]	ちょ
にゃ [nya]	にゃ	にゅ [nyu]	にゅ	にょ [nyo]	にょ
ひゃ [hya]	ひゃ	ひゅ [hyu]	ひゅ	ひょ [hyo]	ひょ
びゃ [bya]	びゃ	びゅ [byu]	びゅ	びょ [byo]	びょ
ぴゃ [pya]	ぴゃ	ぴゅ [pyu]	ぴゅ	ぴょ [pyo]	ぴょ
みゃ [mya]	みゃ	みゅ [myu]	みゅ	みょ [myo]	みょ
りゃ [rya]	りゃ	りゅ [ryu]	りゅ	りょ [ryo]	りょ

발음② 및 쓰기 연습(요음, 촉음, 발음, 장음)

2. 촉음(促音. そくおん)

▶ 촉음(막히는 소리라는 의미이다.)

작은 크기의 'っ(가타카나는 ッ)'로 표기한다.

'っ'는 단독으로 사용할 수 없으며 일반적으로 다른 글자와 다른 글자 사이에서 사용된다. 촉음에 사용되는 'っ'는 요음의 'ゃ', 'ゅ', 'ょ'와 달리 'っ'가 하나의 독립된 발음이다. 따라서 'っ'는 하나의 글자로 인식하고 다른 발음과 함께 하나의 발음의 길이로 발음해야 한다.

예를 들어, バッグ(가방)의 발음은 バッ + グ가 아니라 バ + ッ + グ이다.

3. 발음(撥音. はねるおん)

▶ 발음(튀는 소리라는 의미이다.)

'ん'으로 표기한다. 'ん' 역시 촉음의 'っ'처럼 기본적으로 단독 사용할 수 없으며 다른 글자 뒤에서 사용된다. (일본어에 'ん'으로 시작하는 단어는 없다.)

キンポ(김포), インチョン(인천)

> **포인트**
>
> 일본어는 한국어와 달리 연음이 일어나지 않는다. 따라서 'ん'을 발음할 때 다음과 같은 경우 연음으로 읽지 않도록 조심해야 한다.
> 예를 들어, 1만 엔은 'いちまねん'이 아니라 'いちまんえん'이다.

4. 장음(長音. ちょうおん)

▶ 장음(긴 소리라는 의미이다.)

히라가나는 앞 글자 뒤에 같은 단에 속하는 모음이 올 때 장음화 현상이 일어나 앞 글자의 소리를 두 배의 길이로 발음한다. (예를 들어, 'か' 뒤에 'あ'가 오는 경우 앞 글자인 'か'를 2배의 길이로 발음한다.)

가타카나는 히라가나와 달리 'ー'와 같이 장음 기호로 표시하는데 히라가나와 마찬가지로 앞의 글자의 소리를 두 배의 길이로 발음해야 한다. 예를 들어, 'か' 뒤에 'ー'가 오는 경우 앞의 글자인 'か'의 소리를 두 배의 길이로 발음한다.

▶ 장음화 규칙은 다음과 같다.

1. あ단 글자 + あ = 앞의 あ단 글자의 소리를 2배 길이로 발음
   おかあさん(어머니), おばあさん(할머니)

2. い단 글자 + い = 앞의 い단 글자의 소리를 2배 길이로 발음
   おじいさん(할아버지), おにいさん(형, 오빠)

3. う단 글자 + う = 앞의 う단 글자의 소리를 2배 길이로 발음
   きゅうしゅう(규슈), ぎゅうどん(규동)

4-1. え단 글자 + え = 앞의 え단 글자의 소리를 2배 길이로 발음
   おねえさん(누나, 언니)

4-2. え단 글자 + い = 앞의 え단 글자의 소리를 2배 길이로 발음
   がくせい(학생), ていしょく(정식)

5-1. お단 글자 + お = 앞의 お단 글자의 소리를 2배 길이로 발음
   おおさか(오사카), とうきょう(도쿄)

5-2. お단 글자 + う = 앞의 お단 글자의 소리를 2배 길이로 발음
   おとうさん(아버지), いもうと(여동생)

Track 02-13

1. バス (버스)
2. マップ (지도)
3. スマホ (스마트폰)
4. パスポート (여권)
5. ホテル (호텔)
6. レシート (영수증)
7. エレベーター (엘리베이터)
8. レジ (계산대)
9. ボタン (버튼)
10. エスカレーター (에스컬레이터)
11. チケット (티켓)
12. トイレ (화장실)
13. カード (카드)
14. スーツケース (여행 가방)
15. ブザー (버저)
16. チャージ (충전)
17. メッセージ (메시지)
18. カメラ (카메라)

① きょうと (교토)

② しょうゆ (간장)

③ おおもり (곱빼기)

④ しんじゅく (신주쿠)

⑤ かんこう (관광)

⑥ べっぷ (벳푸)

⑦ しんごう (신호)

⑧ ひこうき (비행기)

⑨ にくまん (고기 찐빵)

⑩ ほっかいどう (홋카이도)

⑪ くうこう (공항)

⑫ きっぷ (전철표)

⑬ おでん (어묵탕)

⑭ しんかんせん (신칸센)

⑮ おちゃ (녹차)

⑯ ぎょうざ (만두)

⑰ きって (우표)

⑱ でんしゃ (전철)

잘 쓰는 인사 표현

▶ **안부를 전할 때**
おはようございます。
안녕하세요.(오전 5시부터)

こんにちは。
안녕하세요.(오전 11시쯤부터)

こんばんは。
안녕하세요.(오후 5시쯤부터)

▶ **고마움을 전할 때**
すみません。
(나를 위해 이런 것까지 하게 해서)
미안합니다.

ありがとうございます。
감사합니다.

▶ **미안함을 전할 때**
すみません。
미안합니다.

▶ **식사를 할 때**
いただきます。
(잘) 먹겠습니다.

ごちそうさまでした。
잘 먹었습니다.(대접을 받았습니다.)

▶ **잠을 잘 때**
おやすみなさい。
안녕히 주무세요.

▶ **처음 사람을 만날 때**
はじめまして。
처음 뵙겠습니다.

▶ **사람과 헤어질 때**
さようなら。
안녕히 가세요(계세요).

また会いましょう。
또 만나요.

휴대폰, 컴퓨터로 일본어 로마자 입력법②

きゃ [kya]	きぃ [kyi]	きゅ [kyu]	きぇ [kye]	きょ [kyo]
ぎゃ [gya]	ぎぃ [gyi]	ぎゅ [gyu]	ぎぇ [gye]	ぎょ [gyo]
しゃ [sya]	しぃ [syi]	しゅ [syu]	しぇ [sye]	しょ [syo]
じゃ [zya/ja]	じぃ [zyi]	じゅ [zyu]	じぇ [zye]	じょ [zyo/jo]
ちゃ [tya]	ちぃ [tyi]	ちゅ [tyu]	ちぇ [tye]	ちょ [tyo]
にゃ [nya]	にぃ [nyi]	にゅ [nyu]	にぇ [nye]	にょ [nyo]
ひゃ [hya]	ひぃ [hyi]	ひゅ [hyu]	ひぇ [hye]	ひょ [hyo]
びゃ [bya]	びぃ [byi]	びゅ [byu]	びぇ [bye]	びょ [byo]
ぴゃ [pya]	ぴぃ [pyi]	ぴゅ [pyu]	ぴぇ [pye]	ぴょ [pyo]
みゃ [mya]	みぃ [myi]	みゅ [myu]	みぇ [mye]	みょ [myo]
りゃ [rya]	りぃ [ryi]	りゅ [ryu]	りぇ [rye]	りょ [ryo]
ふぁ [fa]	ふぃ [fi]		ふぇ [fe]	ふぉ [fo]

작은 크기의 문자

ぁ [la/xa]	ぃ [li/xi]	ぅ [lu/xu]	ぇ [le/xe]	ぉ [lo/xo]
ゃ [lya/xya]	ゅ [lyu/xyu]	ょ [lyo/xyo]		っ [ltu/xtu]

포인트

っ는 자음(a i u e o 이외)을 두 번 연달아 눌러도 입력된다.
예를 들어, きっぷ(전철표)의 입력 방법은 kippu이다.

はじめまして。
<ruby>私<rt>わたし</rt></ruby>はキム・ドンヒです。

처음 뵙겠습니다. 나는 김동희입니다.

학습 목표
- 일본어로 간단한 인사 표현을 주고받을 수 있다.
- 일본어로 간단한 자기소개를 할 수 있다.

학습 내용
- **인칭대명사**

  <ruby>私<rt>わたし</rt></ruby>, あなた, <ruby>彼<rt>かれ</rt></ruby>, <ruby>彼女<rt>かのじょ</rt></ruby>, <ruby>誰<rt>だれ</rt></ruby>

- **자기소개 때 필요한 문법**

  ～は～です(か), ～は～じゃありません

- **자기소개 때 필요한 표현**

  はじめまして, どうぞよろしくお<ruby>願<rt>ねが</rt></ruby>いします

일본 여행 맛보기

- 일본의 공항(도쿄·오사카·후쿠오카)

▶ 그림을 참고하여 대화문을 듣고 어떤 대화인지 추측해 봅시다.　Track 03-01

▶ 대화문을 듣고 단어의 읽는 법과 뜻을 아는 대로 적어 봅시다.

□ あのう _____　　□ そうです _____

□ さん _____　　□ 私 _____

□ ～ですか _____　　□ ～は～です _____

□ いいえ _____　　□ どうぞ _____

□ ～じゃありません _____　　□ よろしくお願いします _____

_____

□ はい _____　　□ こちらこそ _____

▶ 앞에 나온 단어의 읽는 법과 뜻을 확인해 봅시다.

☐ あのう 저기

☐ そうです 그렇습니다

☐ さん 씨

☐ 私(わたし) 나

☐ 〜ですか ~입니까?

☐ 〜は〜です ~는 ~입니다

☐ いいえ 아니요

☐ どうぞ 아무쪼록

☐ 〜じゃありません
~이/가 아닙니다

☐ よろしくお願(ねが)いします
잘 부탁드립니다

☐ はい 네

☐ こちらこそ 나야말로

▶ 동희가 공항 입국장에서 나나미를 찾아 첫인사와 자기소개를 한다. 🎧 Track 03-01

ドンヒ　あのう、ナナミさんですか。

鈴木　いいえ、ナナミじゃありません。
<small>すず き</small>

ドンヒ　あのう、ナナミさんですか。

ナナミ　はい、そうです。

ドンヒ　はじめまして。私はキム・ドンヒです。
<small>わたし</small>

ナナミ　はじめまして。川井ナナミです。
<small>かわ い</small>

ドンヒ　どうぞよろしくお願いします。
<small>ねが</small>

ナナミ　こちらこそどうぞよろしくお願いします。
<small>ねが</small>

あのう、
ナナミさん
ですか。

はい、
そうです。

일본 여행을 다니다 보면 현지에서 일본 사람들에게 뭔가를 물어볼 때가 있을 것이다. 이럴 때 곧바로 질문할 것이 아니라 질문 앞에 'あのう(저기)'라고 붙여서 말하면 훨씬 좋다.

01 인칭대명사(사람을 가리키는 명사)

가장 기본적인 인칭대명사 다섯 가지만 기억해 둡시다.

1인칭	2인칭	3인칭	부정칭
私^{わたし}(나)	あなた(당신)	彼^{かれ}、彼女^{かのじょ}(그, 그녀)	誰^{だれ}(누구)

포인트

'あなた'는 '당신'이라는 뜻이지만 첫 대면인 사람들에게 사용해도 무방하다.
'彼^{かれ}'、'彼女^{かのじょ}'는 문맥에 따라 각각 '남자 친구', '여자 친구'의 뜻으로도 사용하므로 주의한다.

02 ～は ～です　～은(는) ～입니다

私^{わたし}は学生^{がくせい}です。

彼^{かれ}は韓国人^{かんこくじん}です。

彼女^{かのじょ}は友^{とも}だちです。

새로운 단어

学生^{がくせい} 학생 ｜ 韓国人^{かんこくじん} 한국인 ｜ 友^{とも}だち 친구

03 ～は ～ですか ~은(는) ~입니까?

あなたは日本人ですか。

彼は大学生ですか。

東京出身は誰ですか。

04 ～は ～じゃありません（じゃないです）

~은(는) ~이(가) 아닙니다

彼は先生じゃありません。

彼女はソウル出身じゃありません。

私は中国人じゃないです。

포인트

'じゃないです'보다 'じゃありません'이 좀 더 정중한 느낌이 있다. 하지만 'じゃないです'가 무례한 표현은 아니다.

日本人 일본인 ｜ 大学生 대학생 ｜ 東京 도쿄 ｜ 出身 출신 ｜ 先生 선생님 ｜ ソウル 서울 ｜ 中国人 중국인

05 **はじめまして。どうぞよろしくお願(ねが)いします。**

처음 뵙겠습니다. 잘 부탁드립니다.

はじめまして。

どうぞよろしくお願(ねが)いします。

포인트

일본 사람들은 자기소개를 한 뒤 마지막에 앞으로 잘 지내기를 바란다는 뜻을 담아 '잘 부탁드립니다'라고 말한다.

말하기 연습

▶ 〈보기〉와 같이 주어진 단어를 빈칸에 넣어 문장을 완성시키고 소리 내어 말해 봅시다.

1

はじめまして。私^{わたし}は <u>キム</u> です。

➡ どうぞよろしくお願^{ねが}いします。

① イ　　　　　　② パク　　　　　　③ チェ

2

あのう、<u>あなた</u> は <u>学生</u>^{がくせい} ですか。

➡ いいえ、<u>私</u>^{わたし} は <u>学生</u>^{がくせい} じゃないです。

① あなた / エンジニア / 私^{わたし}　　　　② 彼^{かれ} / 公務員^{こうむいん}

③ 彼女^{かのじょ} / 主婦^{しゅふ}(夫^ふ)

▶ ①～③에 해당하는 본인의 인적 사항을 밑줄 부분에 넣고 자기소개를 해 봅시다.

3

はじめまして。私は ① <u>鈴木</u>^{すずき} です。

私は ② <u>会社員</u>^{かいしゃいん} です。

私は ③ <u>大阪出身</u>^{おおさかしゅっしん} です。どうぞよろしくお願^{ねが}いします。

새로운 단어

エンジニア 엔지니어 ｜ 会社員^{かいしゃいん} 회사원 ｜ 公務員^{こうむいん} 공무원 ｜ 主婦^{しゅふ}(夫^ふ) 주부 ｜ 鈴木^{すずき} 스즈키(성씨) ｜ 大阪^{おおさか} 오사카

▶ 음성을 잘 듣고 빈칸에 알맞은 단어나 표현을 넣어 봅시다. Track 03-02

1. ① あなたは_____ですか。

② 彼女（かのじょ）は主婦（しゅふ）_____。

③ _____私（わたし）はキムです。

2. ① _____は_____ですか。

② _____、彼（かれ）は中国人（ちゅうごくじん）_____。

③ _____どうぞ_____。

▶ 질문을 잘 듣고 ①~③ 중에서 알맞은 답을 골라 봅시다. Track 03-03

3.

① _____。

② _____。

③ _____。

▶ 동희와 나나미가 서로의 출신지에 대해 이야기를 나눈다.

Track 03-04

ドンヒ　あのう、ナナミさんは会社員ですか。

ナナミ　いいえ、美容師です。ドンヒさんは？

ドンヒ　私ですか。私は学生です。

ナナミ　あのう、ドンヒさんはソウル出身ですか。

ドンヒ　はい。ナナミさんは？　東京出身ですか。

ナナミ　いいえ、神戸出身です。

ドンヒ　神戸…。神戸牛ですか。

ナナミ　はい、そうです。

새로운 단어

美容師 미용사 ｜ 神戸 고베(도시 이름) ｜ 神戸牛 고베규(고베 지역의 최고급 소고기 명칭)

◇ 일본의 공항 도쿄·오사카·후쿠오카

도쿄에는 두 개의 공항이 있다. 여행 스타일에 따라 선택하는 것이 좋다.

1. 도쿄 나리타(成田)공항: 일본을 대표하는 공항

장점

공항 시설 사용료 등 항공권 발권 시에 부과되는 세금이 비교적 저렴하기 때문에 여행 경비를 아낄 수 있다. (5~10만 원 정도 차이가 난다. LCC(저가 항공사)의 경우 도쿄행은 거의 모두 나리타로 간다.)

단점

명칭은 도쿄 나리타 공항이지만 실제로는 다른 행정구역인 지바(千葉)에 위치하기 때문에 도심으로 나가기까지 다소 시간이 걸린다.
터미널이 1(스카이팀), 2(스타얼라이언스), 3(LCC)로 나누어져 있어 복잡하다.

2. 도쿄 하네다(羽田)공항: 일본에서 가장 발전하고 있는 공항

장점

도심에서 가깝다. 새 단장하여 시설이 깨끗하고 일본 음식 맛집이나 기념품 판매점이 많다.

단점

나리타로 가는 항공권에 비해 비교적 비싸다.

3. 오사카 간사이(関西)공항: 오사카를 갈 때 꼭 이용하는 공항

오사카에는 국제공항이 하나밖에 없기 때문에 항상 붐비는 공항이다. 하지만 최근에는 터미널2가 생겨 일부 LCC 등의 이착륙이 터미널2로 이동하여 혼잡도가 다소 해소되었다.
도쿄에 있는 공항들과 달리 24시간 운용이 가능한 공항이기 때문에 심야에 도착하는 항공편도 많다.

〈나리타 공항 외부〉

〈나리타 공항 내부〉

4. 후쿠오카(福岡)공항: 시내 중심과의 교통편이 완벽한 공항

시내 중심까지 지하철로 두 정거장 거리에 있다. 짐이 많을 때는 시내 중심에 있는 전철역에서 택시를 이용하는 것도 좋다.

다른 공항들에 비해 규모가 작기 때문에 1시간 전에만 가도 여유 있게 수속을 밟을 수 있다.

공항의 규모가 작은 만큼 면세점 규모도 작기 때문에 기념품 등은 미리 시내에서 사 두는 것이 좋다. 시내에도 면세점이 많고 가격 차이도 없다.

*공항에서 도심까지 가는 방법에 대해서는 5과 '일본 여행 맛보기'에서 자세히 다룹니다.

これは電車の切符です。

이것은 전철 표입니다.

학습 목표

- 일본어로 물건을 가리켜 물어보거나 대답할 수 있다.
- 일본어 조사 の의 용법을 이해한다.

학습 내용

- **지시대명사**
  これ, それ, あれ, どれ, この, その, あの, どの

- **물건을 가리킬 때 필요한 문법**
  ～は～です(か), 조사 の의 용법, 조사 も

- **고마움을 전하는 표현**
  すみません

일본 여행 맛보기

- 일본의 교통카드 종류

▶ 그림을 참고하여 대화문을 듣고 어떤 대화인지 추측해 봅시다. Track 04-01

▶ 대화문을 듣고 단어의 읽는 법과 뜻을 아는 대로 적어 봅시다.

☐ これ _____   ☐ すみません _____

☐ どうぞ _____   ☐ あれ？ _____

☐ 何ですか _____   ☐ あの _____

☐ それ _____   ☐ あれ _____

☐ 電車 _____   ☐ も _____

☐ の _____   ☐ SUICA（スイカ） _____

☐ 切符 _____   ☐ 交通ICカード _____

▶ 앞에 나온 단어의 읽는 법과 뜻을 확인해 봅시다.

☐ これ 이것　　　　　　☐ すみません 고맙습니다

☐ どうぞ 어서 (받아요)　　☐ あれ？ 어?

☐ ^{なん}何ですか 뭐예요?　　☐ あの 저기

☐ それ 그것　　　　　　☐ あれ 저것

☐ ^{でんしゃ}電車 전철　　　　　　☐ も 도

☐ の 의　　　　　　　　☐ SUICA^{スイカ} 일본의 교통카드 명칭 중 하나

☐ ^{きっぷ}切符 표　　　　　　　☐ ^{こうつうアイシー}交通ICカード 교통카드

▶ 공항 역 개찰구에서 나나미가 동희에게 전철 표를 준다.   🎧 Track 04-01

ナナミ　　ドンヒさん、これどうぞ。

ドンヒ　　えっ、これは何_{なん}ですか。

ナナミ　　それは電車_{でんしゃ}の切符_{きっぷ}です。

ドンヒ　　私_{わたし}のですか。すみません。

ドンヒ　　あれ？　あのカードは何_{なん}ですか。

ナナミ　　あれも切符_{きっぷ}です。
　　　　　あれはSUICA(スイカ)、日本_{にほん}の交通_{こうつう}IC(アイシー)
　　　　　カードです。

これどうぞ。

これは何
ですか。

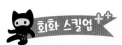 회화 스킬업

일본 여행을 다니다 보면 현지에서 물건을 살 때나 주문할 때 고마움을 전할 일이 많을 것이다. 이때 여러분도 잘 알고 있는 'ありがとうございます'라고 해도 무방하지만 일본 사람들은 'すみません'이라고 하는 경우가 많다. 참고로 여러분이 잘 사용하는 'ありがとう'는 반말이니 사용할 때 주의해야 한다.

문형과 표현

01 지시대명사(사물을 가리키는 명사)

사물과의 거리감	나: 가까움 상대: 멂	나: 멂 상대: 가까움	나: 멂 상대: 멂	-
기본형	これ(이것)	それ(그것)	あれ(저것)	どれ(어느 것)
수식형	この(이)	その(그)	あの(저)	どの(어느)

포인트

こ・そ・あ・ど의 용법은 한국어의 '이, 그, 저, 어느'와 같으니 동일하게 사용하면 된다.

· 복습 ·

～は ～です(か) ～은(는) ～입니다(입니까?)

これは普通列車です。
ふ つうれっしゃ

それは急行(快速)列車です。
きゅうこう かいそく れっしゃ

あれは特急列車ですか。
とっきゅうれっしゃ

새로운 단어

普通列車 일반 열차 | 急行(快速)列車 급행(쾌속) 열차 | 特急列車 특급 열차(특별 요금을 추가로 지불하여 타야 함)
ふ つうれっしゃ   きゅうこう かいそく れっしゃ   とっきゅうれっしゃ

02 조사 の의 용법

① 명사 + の + 명사 ~의

これは上野終点の電車です。

それは帰りの切符です。

あれは品川行きの電車です。

> **포인트**
>
> 일본어의 조사 の는 생략이 불가하다. 명사와 명사 사이에는 꼭 の가 있어야 한다.

② 인명, 인칭대명사 + の ~의 것

この荷物は私のです。

そのスーツケースはあなたのです。

川井さんのはどれですか。川井さんのはこれです。

上野 우에노(도쿄 소재 지명. 역 이름의 하나) | 終点 종점 | 帰り 돌아갈 때, 돌아올 때 | 品川 시나가와(도쿄 소재 지명. 역 이름의 하나) | 行き ~행, 갈 때 | 荷物 짐 | スーツケース 여행 가방

03 **조사 も** 도

私も学生です。

それもあなたのですか。

その荷物も私のです。

04 **すみません。** 저기요, 미안합니다, 고맙습니다

물어볼 때 すみません。↗ (저기요)

사과할 때 すみません。⤵ (미안합니다)

고마울 때 すみません。⤴ (고맙습니다)

▶ 〈보기〉와 같이 주어진 단어를 빈칸에 넣어 문장을 완성시키고 소리 내어 말해 봅시다.

1

あのう、<u>これ</u> は何ですか。

➡ <u>それ</u> は <u>普通列車</u> です。

① あれ / あれ / 急行列車　② これ / それ / 新幹線
③ それ / これ / 在来線

2

あのう、<u>この荷物</u> は誰のですか。

➡ <u>その荷物</u> は <u>私</u> のです。

① このスーツケース / イさん　② あのゴルフバッグ / 友達
③ その買い物カゴ / 彼女

3

あのう、<u>これ</u> は誰の <u>切符</u> ですか。

➡ <u>それ</u> は <u>あなたの</u> です。

① これ / チケット / それ / 私　② それ / クレジットカード / これ / パクさん
③ あれ / 荷物 / あれ / 彼

새로운 단어
新幹線 신칸센 ｜ 在来線 로컬선 ｜ ゴルフバッグ 골프 가방 ｜ チケット 티켓 ｜ 買い物カゴ 장바구니 ｜
クレジットカード 신용카드

▶ 음성을 잘 듣고 빈칸에 알맞은 단어나 표현을 넣어 봅시다. Track 04-02

1. ① これは東京行き＿＿＿＿＿列車です。

② あれは新幹線＿＿＿＿＿。

③ それは誰の＿＿＿＿＿ですか。

2. ① ＿＿＿＿＿は＿＿＿＿＿のカードですか。

② ＿＿＿＿＿は品川＿＿＿＿＿の切符です。

③ ＿＿＿＿＿は私の荷物じゃないです。＿＿＿＿＿です。

▶ 질문을 잘 듣고 ①~③ 중에서 알맞은 답을 골라 봅시다. Track 04-03

3.

① ＿＿＿＿＿＿＿＿＿。

② ＿＿＿＿＿＿＿＿＿。

③ ＿＿＿＿＿＿＿＿＿。

플러스 회화

▶ 동희와 나나미가 역사 내에서 전철을 찾아 두리번거리고 있다. 🎧 Track 04-04

ドンヒ　　あのう、上野行きの電車はどれですか。

駅員　　　この電車です。

ドンヒ　　ありがとうございます。

ナナミ　　ドンヒさん、これは特急です。
　　　　　この電車じゃないです。

ドンヒ　　この次の電車ですか。

ナナミ　　はい、私はお金持ちじゃないです。

次 다음 ｜ お金持ち 부자

◇ 일본의 교통카드 종류

일본의 교통카드는 한때 지역마다 그 지역 내에서만 사용할 수 있는 카드가 발행되었지만 현재는 지역에 상관없이 전국에서 사용 가능하다.

1. 스이카(SUICA)

도쿄를 중심으로 한 수도권에서 가장 많이 사용하고 있는 교통카드이다. JR(전 국철) 외에 사기업 전철, 지하철, 버스를 탈 때나 쇼핑 시에도 사용 가능하다.

2. 파스모(PASUMO)

스이카와 함께 수도권에서 많이 사용하고 있는 교통카드이다. 기능은 스이카와 거의 동일하다. 파스모는 모바일 카드가 없다.

3. 이코카(ICOCA)

오사카를 중심으로 한 간사이 지역에서 가장 많이 사용하고 있는 교통카드이다. JR서일본에서 발행하는 카드이며 기능은 스이카와 거의 동일하다.

※교통카드를 사용하면 교통카드 운임이 적용되어 0~5엔(0~50원) 단위의 요금 할인을 받을 수 있다. 다만 교통카드는 일정 기간 내 사용하지 않으면 충전 금액이 사라지거나 충전 금액을 돌려받을 때 수수료가 생기기 때문에 일본에 자주 가는 사람이 아니라면 비추천이다. 또한 하루 혹은 단기간에 자주 이용하는 사람에게는 교통카드보다 각 지역의 철도회사나 버스회사에서 발행하는 무제한 승차(乗り放題) 티켓이 교통카드보다 이득일 수 있다.

이것은 전철 표입니다.

◇ 일본의 교통카드 사용 방법

교통카드는 공항 역을 포함하여 전국의 JR 전철역의 교통카드 대응 자동발권기, 녹색 창구(みどりの窓口)에서 구매 가능하다.

1,000엔, 2,000엔, 3,000엔, 5,000엔, 10,000엔 단위로 구매 가능하며 첫 구매 시에 보증금 500엔을 합하여 지불해야 한다.

〈교통카드 마크가 있는 자동발권기〉

〈녹색 창구〉

〈카드 대는 곳〉

카드를 구매하고, 개찰구를 통과할 때는 개찰구의 IC 마크가 있는 곳에 대면 된다.

始発は午前4時半です。

しはつ ごぜん よ じ はん

첫차는 아침 4시 반입니다.

- 일본어로 시간에 대해 물어보거나 대답할 수 있다.
- 일본어로 숫자를 말할 수 있다.

- 숫자(0~10), 시간 표현(1시~12시)
- 시간을 나타내는 다양한 어휘
  午前, 午後, 今, 半
  ごぜん ごご いま はん
- 시간을 나타낼 때 필요한 문법
  ～は ～から ～までです(か)
- 맞장구 표현
  なるほど

 일본 여행 맛보기
- 일본 공항에서 시내로 가는 법

▶ 그림을 참고하여 대화문을 듣고 어떤 대화인지 추측해 봅시다.   Track 05-01

▶ 대화문을 듣고 단어의 읽는 법과 뜻을 아는 대로 적어 봅시다.

□ 始発 _____   □ へぇ、なるほど _____

□ 何時 _____   □ そういえば _____

□ 午前 _____   □ 夕方 _____

□ ４時半 _____   □ ラッシュアワー _____

□ じゃあ _____   □ ～から～まで _____

□ 終電 _____   □ 午後 _____

□ 深夜 _____   □ ５時 _____

□ １時 _____   □ ７時 _____

▶ 앞에 나온 단어의 읽는 법과 뜻을 확인해 봅시다.

□ 始発 첫차

□ へぇ、なるほど 오, 그렇구나

□ 何時 몇 시

□ そういえば 그러고 보니

□ 午前 오전

□ 夕方 저녁

□ ４時半 4시 반

□ ラッシュアワー 붐비는 출퇴근 시간

□ じゃあ 그럼

□ ～から～まで ~부터 ~까지

□ 終電 막차

□ 午後 오후

□ 深夜 심야

□ ５時 5시

□ １時 1시

□ ７時 7시

 **회화**

Dialogue 1

▶ 동희와 나나미가 전철 안에서 일본의 전철에 대해 이야기한다.　　🎧 Track 05-01

ドンヒ　電車の始発は何時ですか。

ナナミ　始発は午前4時半です。

ドンヒ　じゃあ、終電は何時ですか。

ナナミ　終電は深夜1時です。

ドンヒ　へぇ、なるほど。
　　　　そういえば、夕方のラッシュアワーは何時から
　　　　何時までですか。

ナナミ　午後5時から7時までです。

電車の始発は
何時ですか。

始発は午前
4時半です。

회화 스킬업

일본어로 대화할 때는 맞장구가 중요하다. 맞장구는 상대방이 하는 말을 이해했다는 표시이다. 일본인들은
한국 사람들보다 맞장구를 잘 쳐 주는 경향이 있는데 그것이 매너라고 생각하기 때문이다. へぇ、なるほど
(오, 그렇구나)처럼 납득했다는 맞장구를 쳐 주면 대화가 훨씬 매끄러워진다.

제5과 始発は午前4時半です。　63

01 숫자 읽기 (0~10)

0	ぜろ (れい) (まる)	4	よん し よ	8	はち
1	いち	5	ご	9	きゅう く
2	に	6	ろく	10	じゅう
3	さん	7	なな しち		

포인트

일본어는 숫자에 따라 읽는 방법이 여러 개인 것이 있다. 일반적으로 숫자를 말할 때는 위 표의 붉은 글씨처럼 읽으면 된다. 0의 경우 '**まる**'라고도 읽는데 이는 아파트나 호텔 호실 번호를 부를 때 주로 사용한다. 4, 7, 9의 경우 각각 '**し** 또는 **よ**', '**しち**', '**く**'라고도 읽는데 이것들은 주로 뒤에서 학습할 시간 표현이나 날짜 표현과 함께 사용한다.

私の携帯番号は０９０－８０４１－９２７２です。

私のマンションの部屋番号は１０３です。

새로운 단어

携帯 휴대전화 | 番号 번호 | マンション 아파트 | 部屋 방

02 시간(1~12시)

1時(1시)	いちじ	5時(5시)	ごじ	9時(9시)	くじ
2時(2시)	にじ	6時(6시)	ろくじ	10時(10시)	じゅうじ
3時(3시)	さんじ	7時(7시)	しちじ	11時(11시)	じゅういちじ
4時(4시)	よじ	8時(8시)	はちじ	12時(12시)	じゅうにじ

포인트

4시를 'よんじ', 9시를 'きゅうじ' 라고 잘못 읽는 경우가 특히 많으니 조심해야 한다. 7시는 'ななじ' 라고 하는 일본 사람들도 있지만 4시를 'よんじ', 9시를 'きゅうじ' 라고 읽지는 않는다.

03 다양한 시간 표현

午前(오전)	朝(아침)	夕方(저녁)	今(지금)	前(전)
午後(오후)	昼(점심)	夜(밤)	半(반)	後 (후)

今何時ですか。

朝7時半です。

夜10時前です。

04 ～は ～から ～までです（か）

～은(는) ～부터 ～까지입니다(입니까?)

スーパーは朝10時から夜11時までです。

デパートは午前10時半から午後8時までです。

居酒屋は何時から何時までですか。

05 ～は ～から（～まで）です（か）

～은(는) ～부터(～까지)입니다(입니까?)

地下鉄は何時までですか。

バスは午前5時半からです。

開店は何時からですか。

06 なるほど。 그렇구나

へぇ、なるほど。

새로운 단어

スーパー 마트 ｜ デパート 백화점 ｜ 居酒屋 선술집 ｜ 地下鉄 지하철 ｜ バス 버스 ｜ 開店 개점

말하기 연습

▶ 〈보기〉와 같이 주어진 단어를 빈칸에 넣어 문장을 완성시키고 소리 내어 말해 봅시다.

1

あのう、今何時ですか。

➡ __1時__ です。

① 3時　　　　② 6時　　　　③ 9時

2

あのう、今何時ですか。

➡ __朝7時半__ です。

① 午後2時半　　　② 夕方5時前　　　③ 昼12時

3

あのう、__デパート__ は何時から何時までですか。

➡ __デパート__ は __午前10時半__ から __午後8時__ までです。

① 居酒屋 / 夕方5時 / 深夜2時　　② 地下鉄 / 午前4時半 / 午前1時

③ バス / 午前5時半 / 午後11時半

▶ 음성을 잘 듣고 빈칸에 알맞은 단어나 표현을 넣어 봅시다.

Track 05-02

1. ① _____は何時_{なんじ}ですか。

② 終電_{しゅうでん}は_____です。

③ 今_{いま}_____です。

2. ① スーパーは朝_{あさ}_____から夜_{よる}_____までです。

② あのう、_____何時_{なんじ}ですか。_____です。

③ 地下鉄_{ちかてつ}は午前_{ごぜん}_____から_____1時_{いちじ}までですか。

▶ 질문을 잘 듣고 ①~③ 중에서 알맞은 답을 골라 봅시다.

Track 05-03

3.

① _____。

② _____。

③ _____。

▶ 동희와 나나미가 도착 시간에 대한 이야기를 나눈다.

🎧 Track 05-04

ドンヒ　ナナミさん、今何時ですか。

ナナミ　午前１０時半です。

ドンヒ　じゃあ、上野駅到着は何時ですか。

ナナミ　午後１２時ちょうどです。

ドンヒ　そういえば、昼ごはんは？

ナナミ　牛丼屋です。

ドンヒ　牛丼屋は何時からですか。

ナナミ　２４時間営業です。

到着 도착 ｜ ちょうど 정각 ｜ そういえば 그러고 보니 ｜ 昼ごはん 점심 식사 ｜ 牛丼屋 덮밥집 ｜
２４時間営業 24시간 영업

◇ 일본 공항에서 시내로 가는 법

공항에서 시내로 가는 방법을 알아보자.

1. 나리타(成田) 공항 : 게이세이전철(京成電鉄)이 빠르고 저렴하다

가장 빠른 방법 　스카이라이너(スカイライナー)

특급 요금을 별도 지불해야 하지만 도쿄 도심 입구인 닛포리(日暮里)역까지 약 36분 소요, 2470엔. (2019년 8월 현재)

빠르고 저렴한 방법 　액서스특급(アクセス特急)

도쿄(東京)역 쪽으로 한 번에 가고 싶다면 이 열차를 이용하면 된다. 특급 요금, 환승 필요없이 니혼바시(日本橋)역까지 약 59분 소요, 1330엔. (2019년 8월 현재)

가장 저렴한 방법 　쾌속특급, 특급(快速特急、特急)

우에노(上野)역(닛포리역에서 한 정거장)까지 70분 소요, 1030엔. (2019년 8월 현재)

※공항과 시내를 오가는 열차는 오전 5시대부터 오후 10시대까지 운행하고 있다.

2. 하네다(羽田) 공항 : 게이큐전철(京急電鉄)이 빠르다

빠르고 저렴한 방법 　에어포트 쾌특, 급행(エアポート快特、急行)

도쿄 도심 입구인 시나가와(品川)역까지 약 18분 소요, 410엔.

(2019년 10월 이후 290엔으로 인하 예정. 2019년 8월 현재)

※하네다공항에서는 에어포트 쾌특, 급행 열차가 2, 3분마다 오지만 꼭 시나가와역을 경유하는 열차를 타야한다.

※공항과 시내를 오가는 열차는 오전 5시대부터 오후 11시대까지 운행하고 있다.

3. 간사이(関西) 공항 : 난카이전철(南海電鉄)이 빠르고 저렴하다

가장 빠른 방법 난카이특급 라피토α(南海特急ラピート α)

난바(難波)역까지 약 34분 소요, 1430엔. (2019년 8월 현재)

빠르고 저렴한 방법 공항 급행(空港急行)

난바역까지 약 45분 소요, 920엔. (2019년 8월 현재)

※공항과 시내를 오가는 열차는 오전 5시대부터 오후 11시대까지 운행하고 있다.

〈스카이라이너 외부〉　　　　　〈스카이라이너 내부. 넓은 좌석과 전원 플러그 제공〉

1500円でお願いします。

1500엔으로 부탁드립니다.

학습 목표

- 일본어로 음식을 주문할 수 있다.
- 일본어로 큰 숫자를 말할 수 있다.

학습 내용

- 큰 숫자(10~10000)

- 주문할 때 필요한 문법
  조사 と, 명사+ください, 조사 が
  명사+でお願いします

- 주문할 때 많이 듣는 표현
  いらっしゃいませ, ご注文どうぞ

일본 여행 맛보기

- 일본의 패스트푸드, 소고기덮밥 규동

▶ 그림을 참고하여 대화문을 듣고 어떤 대화인지 추측해 봅시다. Track 06-01

▶ 대화문을 듣고 단어의 읽는 법과 뜻을 아는 대로 적어 봅시다.

□ いらっしゃいませ　＿＿＿＿＿　□ お会計　＿＿＿＿＿

□ ご注文どうぞ　＿＿＿＿＿　□ 別々　＿＿＿＿＿

□ えっと　＿＿＿＿＿　□ 一緒　＿＿＿＿＿

□ 牛丼　＿＿＿＿＿　□ 合計　＿＿＿＿＿

□ 並　＿＿＿＿＿　□ 1060円　＿＿＿＿＿

□ ～ください　＿＿＿＿＿　□ 1500円　＿＿＿＿＿

□ 大盛　＿＿＿＿＿　□ ～でお願いします　＿＿＿＿＿

□ と　＿＿＿＿＿　□ おつり　＿＿＿＿＿

□ サラダ　＿＿＿＿＿　□ 店員　＿＿＿＿＿

▶ 앞에 나온 단어의 읽는 법과 뜻을 확인해 봅시다.

☐ いらっしゃいませ
　어서 오세요

☐ お会計 계산
　かいけい

☐ ご注文どうぞ 주문하세요
　ちゅうもん

☐ 別々 따로따로
　べつべつ

☐ えっと 음

☐ 一緒 함께, 같이
　いっしょ

☐ 牛丼 소고기덮밥, 규동
　ぎゅうどん

☐ 合計 합계
　ごうけい

☐ 並 보통
　なみ

☐ 1060円 1060엔
　えん

☐ ～ください ~주세요

☐ 1500円 1500엔
　えん

☐ 大盛 곱빼기
　おおもり

☐ ～でお願いします
　ねが
　~(으)로 부탁드립니다

☐ と 와/과

☐ おつり 거스름돈

☐ サラダ 샐러드

☐ 店員 점원
　てんいん

▶ 동희와 나나미가 덮밥집에서 소고기덮밥을 주문한다.

Track 06-01

店員　いらっしゃいませ。ご注文どうぞ。

ナナミ　えっと、牛丼並ください。

ドンヒ　私は牛丼大盛とサラダください。

店員　お会計は別々ですか。

ナナミ　一緒です。

店員　合計１０６０円です。

ナナミ　じゃあ、１５００円でお願いします。

店員　４４０円のおつりです。

ご注文どうぞ。

牛丼大盛と
サラダください。

 회화 스킬업

일본어로 대화를 하다 보면 말이 생각이 안 날 때가 있다. 이때 생각이 안 난다고 아무 말도 안하고 가만히 있는 것보다 えっと(음…)처럼 하고자 하는 말을 생각하고 있으니 기다려 달라는 신호를 상대방에게 보내 주면 대화가 훨씬 매끄러워진다.

문형과 표현

01 숫자 읽기 (10~10000)

10	じゅう	100	ひゃく	1000	せん
20	にじゅう	200	にひゃく	2000	にせん
30	さんじゅう	300	さんびゃく	3000	さんぜん
40	よんじゅう	400	よんひゃく	4000	よんせん
50	ごじゅう	500	ごひゃく	5000	ごせん
60	ろくじゅう	600	ろっぴゃく	6000	ろくせん
70	ななじゅう	700	ななひゃく	7000	ななせん
80	はちじゅう	800	はっぴゃく	8000	はっせん
90	きゅうじゅう	900	きゅうひゃく	9000	きゅうせん
				10000	いちまん

> **포인트**
>
> 300, 3000은 탁음화(탁음이 붙음)가 일어나기 때문에 읽을 때 조심해야 한다. 또한 600, 800, 8000은 3과에서 배운 숫자 1~10을 읽을 때와는 읽는 방법이 다르기 때문에 주의해야 한다.
> 10000은 한국어와 달리 'まん'이라고 읽지 않고 1을 꼭 붙여서 'いちまん'이라고 읽는다. 즉, 일본에서는 계산할 때 만 엔을 'まんえん'이라고 하지 않고 'いちまんえん'이라고 한다.

02 조사 と 와(과)

寿司と天ぷら

ポテトとジュース

ラーメンとチャーハン

03 명사(지시대명사) + ください ~주세요

ハンバーガーセットください。

たこ焼きください。

これください。

04 조사 が 이(가)

どれが私のですか。

これがあなたのです。

どの牛丼が私のですか。

새로운 단어

寿司 초밥 │ 天ぷら 튀김 │ ポテト 감자튀김 │ ジュース 주스 │ ラーメン 라멘 │ チャーハン 볶음밥 │

ハンバーガーセット 햄버거 세트 │ たこ焼き 다코야키

05 명사 + でお願いします ～ (으)로 부탁드립니다

セルフでお願いします。

前払いでお願いします。

禁煙でお願いします。

포인트

일본의 음식점들 중에는 아직 흡연석과 금연석으로 나뉜 곳이 많다.
금연석을 원한다면 음식점에 들어가서 직원에게 금연석을 부탁한다.

06 いらっしゃいませ。ご注文どうぞ。

어서 오세요. 주문하세요.

いらっしゃいませ。

ご注文どうぞ。

セルフ 셀프 │ 前払い 선불 │ 禁煙 금연

말하기 연습

▶ 〈보기〉와 같이 주어진 단어를 빈칸에 넣어 문장을 완성시키고 소리 내어 말해 봅시다.

1

　<ruby>１５００円<rt>せん ご ひゃく えん</rt></ruby> でお<ruby>願<rt>ねが</rt></ruby>いします。

① 3000<ruby>円<rt>えん</rt></ruby>　　　　② 5000<ruby>円<rt>えん</rt></ruby>　　　　③ 10000<ruby>円<rt>えん</rt></ruby>

2

　あのう、<ruby>牛丼並<rt>ぎゅうどんなみ</rt></ruby> ください。

➡ <ruby>３８０円<rt>さんびゃくはちじゅうえん</rt></ruby> です。

① ハンバーガーセット / ５４０<ruby>円<rt>えん</rt></ruby>　　② たこ<ruby>焼<rt>や</rt></ruby>き / ６５０<ruby>円<rt>えん</rt></ruby>

③ これ / 1790<ruby>円<rt>えん</rt></ruby>

3

　あのう、<ruby>牛丼大盛<rt>ぎゅうどんおおもり</rt></ruby> と サラダ ください。

➡ <ruby>合計<rt>ごうけい</rt></ruby> <ruby>６８０円<rt>ろっぴゃくはちじゅうえん</rt></ruby> です。

① ポテト / ジュース / ２８０<ruby>円<rt>えん</rt></ruby>　　② ラーメン / チャーハン / 1030<ruby>円<rt>えん</rt></ruby>

③ <ruby>寿司<rt>すし</rt></ruby> / <ruby>天<rt>てん</rt></ruby>ぷら / 2420<ruby>円<rt>えん</rt></ruby>

▶ 음성을 잘 듣고 빈칸에 알맞은 단어나 표현을 넣어 봅시다.　　　🎧 Track 06-02

1. ① 禁煙＿＿＿＿＿＿＿＿＿＿。

② たこ焼きは＿＿＿＿＿＿です。

③ すみません、ジュース＿＿＿＿＿＿。

2. ① ポテトは＿＿＿＿＿＿、サラダは＿＿＿＿＿＿です。

② 寿司は＿＿＿＿＿＿、天ぷらは＿＿＿＿＿＿です。

③ ラーメン＿＿＿＿＿＿チャーハン、合計１０３０円です。

＿＿＿＿＿＿でお願いします。

▶ 질문을 잘 듣고 ①~③ 중에서 알맞은 답을 골라 봅시다.　　　🎧 Track 06-03

3.

① ＿＿＿＿＿＿＿＿＿＿＿。

② ＿＿＿＿＿＿＿＿＿＿＿。

③ ＿＿＿＿＿＿＿＿＿＿＿。

▶ 동희가 덮밥집에서 음식을 주문한 뒤 직원과 이야기하고 있다.

🎧 Track 06-04

店員 てんいん	ご注文の品です。
ドンヒ	どれが牛丼大盛ですか。
店員 てんいん	これです。
ドンヒ	あれ？ あれはキムチですか。
店員 てんいん	はい、キムチです。
ドンヒ	すみません、キムチ追加でお願いします。
店員 てんいん	はい、１００円です。
ドンヒ	じゃあ、ちょうど１００円でお願いします。

새로운 단어

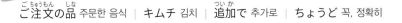

ご注文の品 주문한 음식 | キムチ 김치 | 追加で 추가로 | ちょうど 꼭, 정확히

일본 여행 맛보기

◇ 일본의 패스트푸드 소고기덮밥 규동(牛丼)

소고기덮밥인 규동(牛丼)은 끼니를 저렴한 값에 해결해 주어 매우 인기 있고 대중적인 먹거리이다.

1. 요시노야(吉野家)

오렌지색 간판이 트레이드마크인 요시노야는 규동 하면 요시노야를 떠올릴 정도로 대표적인 덮밥집이다. 규동이란 양념한 소고기를 밥에 얹은 덮밥을 말한다. 규동 외에도 돼지 고기를 사용한 부타동, 소고기전골 정식 등 다양한 메뉴가 있지만 일본인이 꼽은 요시노야의 최고 인기 메뉴는 규동(보통 사이즈, 380엔. 2019년 8월 현재)이라고 한다.

〈요시노야의 규동〉

〈요시노야 외관〉

〈포장용 규동〉

　1500엔으로 부탁드립니다.

2. 스키야(すき家)

빨간색 간판이 트레이드마크인 스키야는 일본 최대의 규동 체인점이다. 스키야의 인기 메뉴는 토핑 규동인데, 특히 세 가지 치즈를 얹은 치즈 규동(500엔. 2019년 8월 현재)은 별미라고. 카레가 맛있는 가게로도 유명하다.

〈스키야 외관〉

〈치즈 규동〉

3. 마쓰야(松屋)

노란색 간판이 트레이드마크인 마쓰야 규동(320엔. 2019년 8월 현재)은 덮밥집 중 가장 저렴하다. 또한 유일하게 규동을 주문하면 된장국을 곁들여 준다. 불고기, 김치찌개 등 한국 요리에서 아이디어를 얻은 메뉴가 많은 것이 특징이다.

〈마쓰야 외관〉

〈일본풍 김치찌개〉

今日から2泊3日の予約です。

오늘부터 2박3일의 예약입니다.

학습 목표

- 호텔에서 일본어로 체크인할 수 있다.
- 일본어로 날짜를 말할 수 있다.

학습 내용

- 년(1~10), 월(1~12), 일(1~10, 14, 20)

- 날짜를 나타내는 다양한 어휘
  今日, 昨日, 明日, 月曜日~日曜日

- 호텔에서 체크인할 때 필요한 문법
  명사＋で, ~ですね

- 여행 일정을 나타내는 표현
  何泊何日, ○泊○日

일본 여행 맛보기

- 일본의 비즈니스 호텔

▶ 그림을 참고하여 대화문을 듣고 어떤 대화인지 추측해 봅시다.

▶ 대화문을 듣고 단어의 읽는 법과 뜻을 아는 대로 적어 봅시다.

☐ チェックイン _____ ☐ ４月７日 _____

☐ お名前 _____ ☐ ９日 _____

☐ ～で _____ ☐ お部屋 _____

☐ ２泊３日 _____ ☐ 号室 _____

☐ 予約 _____ ☐ チェックアウト _____

☐ 様 _____ _____

☐ 本日 _____ ☐ スタッフ _____

▶ 앞에 나온 난어의 읽는 법과 뜻을 확인해 봅시다.

☐ チェックイン 체크인

☐ ４月７日 4월 7일
<small>しがつなのか</small>

☐ お名前 성함
<small>な まえ</small>

☐ ９日 9일
<small>ここのか</small>

☐ ～で ~(이)고

☐ お部屋 객실
<small>へや</small>

☐ ２泊３日 2박 3일
<small>に はくみっか</small>

☐ 号室 호실
<small>ごうしつ</small>

☐ 予約 예약
<small>よやく</small>

☐ チェックアウト 체크아웃

☐ 様 님
<small>さま</small>

☐ スタッフ 스태프

☐ 本日 오늘(今日의 격식체)
<small>ほんじつ</small>

▶ 동희가 호텔에서 체크인을 한다.

🎧 Track 07-01

ドンヒ 　あのう、チェックインお願いします。

スタッフ 　お名前お願いします。

ドンヒ 　私の名前はキム・ドンヒで、
　　　　　今日から２泊３日の予約です。

スタッフ 　キム・ドンヒ様、
　　　　　本日の４月７日から９日までですね。

ドンヒ 　はい、そうです。

スタッフ 　お部屋は５０７号室で、
　　　　　チェックアウトは１１時です。

> チェックイン
> お願いします。

> お名前お願い
> します。

회화 스킬업➕➕

호텔에서는 직원들이 'お部屋'의 'お'처럼 단어 앞에 'お' 혹은 'ご'를 사용하는 경우가 많다. 이는 일본어의 경어법 중 하나이며 직원 입장에서 손님을 높이기 위해 일부러 사용하는 것이다. 일본 체류 중에는 손님 신분이기 때문에 직원들이 단어 앞에 'お' 혹은 'ご'를 사용한다고 해도 손님인 여러분은 사용하지 않도록 조심해야 한다.

01 년(1~10)

1年(1년)	いちねん	5年(5년)	ごねん	9年(9년)	きゅうねん
2年(2년)	にねん	6年(6년)	ろくねん	10年(10년)	じゅうねん
3年(3년)	さんねん	7年(7년)	ななねん	何年(몇 년)	なんねん
4年(4년)	よねん	8年(8년)	はちねん		

02 월(1~12)

1月(1월)	いちがつ	5月(5월)	ごがつ	9月(9월)	くがつ
2月(2월)	にがつ	6月(6월)	ろくがつ	10月(10월)	じゅうがつ
3月(3월)	さんがつ	7月(7월)	しちがつ	11月(11월)	じゅういちがつ
4月(4월)	しがつ	8月(8월)	はちがつ	12月(12월)	じゅうにがつ
				何月(몇 월)	なんがつ

> **포인트**
>
> 3과에서 일본어 숫자 4, 7, 9는 읽는 방법이 여러 개 있다고 소개하였다. 숫자 뒤에 어떤 단어(조수사)가 오느냐에 따라 읽는 방법이 달라지는 것이 특징이다. 4년의 4는 'よ' 4월의 4는 'し' 7년의 7은 'なな' 7월의 7은 'しち' 9년의 9는 'きゅう' 9월의 9는 'く'라고 각각 다르게 읽어야 하는 점에 주의한다.

03 일(1~10, 14, 20)

1日(1일)	ついたち	5日(5일)	いつか	9日(9일)	ここのか
2日(2일)	ふつか	6日(6일)	むいか	10日(10일)	とおか
3日(3일)	みっか	7日(7일)	なのか	14日(14일)	じゅうよっか
4日(4일)	よっか	8日(8일)	ようか	20日(20일)	はつか
				何日(며칠)	なんにち

포인트

일본어는 1~10, 20은 뒤에 '日'이라는 단어가 올 때 고유의 읽는 방법으로 읽어야 한다. 또한 14나 24처럼 4로 끝나는 경우는 4일처럼 'よっか'라고 읽어야 한다. 나머지 요일들은 '숫자 + 日(にち)'로 표현한다. 예를 들어, 11일은 11(じゅういち) + 日(にち)이다.

04 다양한 날짜 표현

きのう 昨日(어제)	げつようび 月曜日(월요일)	もくようび 木曜日(목요일)	にちようび 日曜日(일요일)
きょう 今日(오늘)	かようび 火曜日(화요일)	きんようび 金曜日(금요일)	なんようび 何曜日(무슨 요일)
あした 明日(내일)	すいようび 水曜日(수요일)	どようび 土曜日(토요일)	いつ(언제)

포인트

일본어는 요일을 말할 때 요일(ようび)의 일(び)을 빼고 말하기도 한다. 예를 들어, 월요일(げつようび)의 경우 월요(げつよう)라고 말하기도 한다.

문형과 표현

05 명사 + で ～(이)고

私は韓国人で、友だちは日本人です。

これがルームキーで、お部屋はオートロックです。

大浴場は午後3時からで、明日の朝食は午前6時からです。

06 ～ですね ～(이)지요? (확인)

部屋のお水は無料ですね。

ご宿泊は金曜日から日曜日までですね。

チェックアウトは10時までですね。

07 2泊3日 2박3일

何泊何日

1泊2日、3泊4日 etc…

새로운 단어

ルームキー 룸키 | オートロック 오토 록 | 大浴場 대욕탕, 목욕탕 | 朝食 조식 | お水 물 |
無料 무료 | 宿泊 숙박

말하기 연습

▶ 〈보기〉와 같이 주어진 단어를 빈칸에 넣어 문장을 완성시키고 소리 내어 말해 봅시다.

1

私の誕生日は <u>９５年１１月２日</u> です。

① ５６年３月1日　　　　　② 72年8月9日

③ ８８年10月24日

2

今日は <u>１月９日</u> で、<u>月曜日</u> です。

① ２月２６日 / 日曜日　　　② ６月5日 / 水曜日

③ １２月２３日 / 木曜日

3

私は <u>今日</u> から <u>明日</u> まで滞在で、

これが <u>予約番号</u> です。

① 3日 / 6日 / 確認証　　　② 土曜日 / 火曜日 / 予約名

③ １４日 / 20日 / パスポート

새로운 단어

誕生日 생일 ｜ 滞在 체류 ｜ 確認証 확인증 ｜ 予約名 예약명 ｜ パスポート 여권 ｜ 予約番号 예약번호

▶ 음성을 잘 듣고 빈칸에 알맞은 단어나 표현을 넣어 봅시다. Track 07-02

1. ① 今日は＿＿＿＿＿＿です。

② あなたの誕生日は＿＿＿＿＿＿ですか。

③ 宿泊は火曜日から＿＿＿＿＿＿までです。

2. ① 昨日は＿＿＿＿＿＿で、今日は＿＿＿＿＿＿です。

② これが＿＿＿＿＿＿で、お部屋は＿＿＿＿＿＿です。

③ 今日は＿＿＿＿＿＿で、明日は＿＿＿＿＿＿です。

▶ 질문을 잘 듣고 ①～③ 중에서 알맞은 답을 골라 봅시다. Track 07-03

3.

① ＿＿＿＿＿＿＿＿＿＿＿＿。

② ＿＿＿＿＿＿＿＿＿＿＿＿。

③ ＿＿＿＿＿＿＿＿＿＿＿＿。

▶ 동희와 나나미가 카페에서 휴일에 대해 이야기한다.

Track 07-04

ドンヒ　　ナナミさんは、いつ休みですか。

ナナミ　　私は、基本火曜日が休みです。

　　　　　美容院は、毎週火曜日が休みです。

ドンヒ　　へぇ、そうなんですか。

ナナミ　　ドンヒさんは？　週末が休みですか。

ドンヒ　　学生は毎日が休みです。

새로운 단어

休み 휴일, 쉬는 날 | 基本 기본. 기본적으로 | 美容院 미용실 | 週末 주말 | 毎日 매일

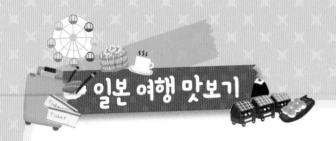

◇ 일본의 비즈니스호텔(ビジネスホテル)

원래는 출장 등의 이유로 숙박하는 회사원들을 위한 호텔이다. 비즈니스호텔은 일반 호텔보다 저렴한 숙박 요금과 편리한 교통편이 자랑이다. 개인 욕실을 포함한 최소한의 시설을 갖췄으며 아침 일찍부터 밤늦게까지 관광으로 시간을 보내고 호텔에서는 잠만 자는 여행 스타일에 최적화된 호텔이다.

1. 숙박 요금은 객실 수가 아니라 인원수에 따라서 다르다.

비즈니스호텔을 포함한 모든 숙박 업소가 그렇지만 일본의 숙박 요금은 인원수에 따라 달라진다. 객실 하나를 사용하는 데에도 혼자서 사용하는지, 둘이서 사용하는지에 따라 객실 요금이 달라지는 셈이다. 객실을 예약할 때의 예약 인원과 실제로 숙박하는 인원이 맞지 않으면 호텔 측에서 추가 요금을 청구할 수도 있으니 유념해야 한다.

〈비즈니스호텔〉

2. 객실이 생각보다 좁다.

비즈니스호텔은 숙박 요금이 저렴한 대신에 객실이 좁게 설계되어 있다. 한국의 호텔은 물론 모텔보다도 좁은 데가 많다. 대부분의 비즈니스호텔은 1인실로 구성되어 있으며 부부나 커플 등이 숙박하는 경우 슈퍼싱글 사이즈의 침대 하나를 같이 사용해야 한다. 최근에는 관광객들의 수요로 신축 비즈니스호텔이 많아지고 있는데 이들 신축 호텔에는 객실 크기가 다양하게 마련되어 있다. 예약하기 전에 해당 호텔의 객실 크기나 침대 크기 등을 알아보는 것도 중요하다.

3. 화장실, 세면대, 욕실이 일체형이다.

원래 일본의 일반적인 가정집은 화장실과 세면대, 욕실이 분리되어 있다. 하지만 비즈니스호텔은 객실이 좁기 때문에 모두가 한곳에 모여 있는 유닛토바스(유닛바스. ユニットバス)라고 부르는 일체형 욕실이 일반적이다. 특히 화장실과 욕실문이 지나치게 가까이 설계된 경우가 많아 이용할 때 압박감을 느낄 수도 있다. 또한 세면대도 화장실과 욕조 사이에 간격 없이 설치되어 있기 때문에 사용할 때 다소 불편함을 느낄 수밖에 없다.

〈객실〉

〈욕실〉

トイレはあそこの
ＡＴＭの右にあります。

エーティーエム　　みぎ

화장실은 저기 ATM 오른쪽에 있습니다.

학습 목표

- 일본어로 사람이나 사물의 위치를 물어보거나 대답할 수 있다.
- 일본어의 あります와 います를 구분하여 사용할 수 있다.

학습 내용

- **지시대명사**
  ここ・そこ・あそこ・どこ / こっち・そっち・あっち・どっち

- **위치를 나타내는 다양한 어휘**
  うえ　した　みぎ　ひだり　まえ　うし
  上・下・右・左・前・後ろ

- **위치를 나타낼 때 필요한 문법 조사**
  조사 に, ～は～の～にあります(います)

- **위치를 물어볼 때 자주 쓰는 표현**
  どこですか

일본 여행 맛보기

- 일본의 편의점

▶ 그림을 참고하여 대화문을 듣고 어떤 대화인지 추측해 봅시다.　

▶ 대화문을 듣고 단어의 읽는 법과 뜻을 아는 대로 적어 봅시다.

□ トイレ	□ あれ？
□ どこ	□ どこですか
□ に	□ こっち
□ あります	□ そこ
□ あそこ	□ 棚
□ ATM	□ 後ろ
□ 右	□ います

▶ 앞에 나온 단어의 읽는 법과 뜻을 확인해 봅시다.

□ トイレ 화장실

□ あれ？ 어라?

□ どこ 어디

□ どこですか 어디예요?

□ に ~에

□ こっち 이쪽

□ あります 있습니다

□ そこ 거기

□ あそこ 저기

□ 棚^{たな} 선반, 진열대

□ ATM(エーティーエム) 현금인출기

□ 後^{うし}ろ 뒤

□ 右^{みぎ} 오른쪽

□ います 있습니다

▶ 동희가 편의점에서 화장실을 찾는다.

🎧 Track 08-01

ドンヒ　　あのう、トイレはどこにありますか。

店員（てんいん）　トイレはあそこのATM（エーティーエム）の
　　　　　右（みぎ）にあります。

ドンヒ　　ありがとうございます。

ドンヒ　　あれ？ ナナミさん、どこですか。

ナナミ　　こっちです。

ドンヒ　　どこにいますか。

ナナミ　　そこの棚（たな）の後（うし）ろにいます。

トイレはどこに
ありますか。

トイレはあそこのATMの
右にあります。

일본어로 고마움을 표시할 때 '아리가토'라고도 하는데 '아리가토'는 반말이며 친근한 사이 혹은 윗
사람이 아랫사람에게 고마움을 표시할 때 사용한다. 일본 여행 중에 고마움을 표시할 때는 '아리가토고
자이마스' 혹은 '스미마셍'이라고 말하는 것이 적절하다.

문형과 표현

01 지시대명사

사물과의 거리감	나: 가까움 상대: 멂	나: 멂 상대: 가까움	나: 멂 상대: 멂	-
위치	ここ(여기)	そこ(거기)	あそこ(저기)	どこ(어디)
방향	こっち(이쪽)	そっち(그쪽)	あっち(저쪽)	どっち(어느 쪽)

> **포인트**
>
> 방향을 가리키는 지시대명사는 입말에서 주로 사용되는 こっち, そっち, あっち, どっち 외에 글말이나 격식을 차려야 하는 자리에서 사용되는 こちら(이쪽), そちら(그쪽), あちら(저쪽), どちら(어느 쪽)도 있다. 앞말을 따서 こそあど(고소아도)라고 주문처럼 외워 두자.

02 사람이나 사물의 위치를 나타내는 명사

上(위)	右(오른쪽)	前(앞)	中(안)
下(아래)	左(왼쪽)	後ろ(뒤)	外(밖)
横/となり(옆)	奥(안쪽)	そば/近く(근처)	向かい(맞은 편)

> **포인트**
>
> 横와 となり는 기본적으로 옆이라는 뜻으로 알고 있으면 되지만 개념이 다소 다르다. 본인의 위치를 기준으로 할 때, 横는 가로 일직선상에 있는 모든 장소를 뜻하며 となり는 가로 일직선상에 있는 첫 번째 장소를 뜻한다.

> **포인트**
>
> 中와 奥 역시 개념에 다소 차이가 있다. 中는 어떤 공간의 안 전체에 있는 사람이나 사물을 가리키지만 奥는 방 등 입구가 있는 큰 공간의 안쪽, 즉 입구로부터 먼 곳에 있는 사람이나 사물을 가리킨다.

03 あります와 います의 차이

기준	있습니다	없습니다
움직이지 않거나 스스로 움직이지 않음	あります	ありません (ないです)
스스로 움직임	います	いません

 포인트

'あります'는 식물과 사람이 조종하면 움직이는 사물을 포함한 사물 전반에 사용되고 'います'는 사람, 사람과 비슷하게 생긴 것(도깨비, 인간형 로봇 등), 원래 사람이었던 것(귀신 등), 동물에 사용된다.

04 조사 に　～에(사람이나 사물의 '존재'를 나타낼 때 장소와 함께 사용됨)

タバコはレジにあります。

店員はトイレにいます。

コピー機は入り口にあります。

 새로운 단어

タバコ 담배 ｜ レジ 계산대 ｜ コピー機 복사기 ｜ 入り口 입구

05 〜は 〜の 〜にあります(か)

〜은/는 〜의 〜에 있습니다(있습니까?)

コンビニはホテルの近くにあります。

限定商品はそこの冷蔵庫のとなりにあります。

肉まんはレジの前にあります。

06 〜は 〜の 〜にいます(か)

〜은/는 〜의 〜에 있습니다(있습니까?)

私はバスの中にいます。

彼女は部屋の奥にいます。

友だちは駅の向かいにいます。

07 どこですか。 어디예요?

どこですか。

どこにありますか (いますか) 。

 새로운 단어

コンビニ 편의점 │ ホテル 호텔 │ 限定商品 한정판 상품 │ 冷蔵庫 냉장고 │ 肉まん 고기 찐빵

말하기 연습

▶ 〈보기〉와 같이 주어진 단어를 빈칸에 넣어 문장을 완성시키고 소리 내어 말해 봅시다.

1

あのう、トイレはどこですか。

➡ <u>ATM</u> の <u>横</u> です。

① 店 / 外

② あそこ / 奥

③ 冷蔵庫 / 左

2

あのう、<u>コンビニ</u> はどこにありますか。

➡ <u>ホテル</u> の <u>前</u> にあります。

① レジ / 入り口 / 近く

② デパート / 駅 / 横

③ スーパー / あのビル / 向かい

3

あのう、<u>ナナミさん</u> はどこに <u>いますか(ありますか)</u>。

➡ <u>棚</u> の <u>後ろ</u> に <u>います(あります)</u>。

① 車 / 駅 / そば

② パクさん / カフェ / 中

③ 牛丼屋 / ホテル / となり

새로운 단어

店 가게 | ビル 빌딩 | 車 자동차 | カフェ 카페

▶ 음성을 잘 듣고 빈칸에 알맞은 단어나 표현을 넣어 봅시다.　🎧 **Track 08-02**

1. ① コンビニはホテルの＿＿＿＿＿＿にあります。

② イさんは日本に＿＿＿＿＿＿。

③ レジは＿＿＿＿＿＿ですか。

2. ① 地下鉄の駅は＿＿＿＿＿＿に＿＿＿＿＿＿＿＿。

② トイレは＿＿＿＿＿＿の＿＿＿＿＿＿にあります。

③ 友だちは＿＿＿＿＿＿の＿＿＿＿＿＿にいます。

▶ 질문을 잘 듣고 ①～③ 중에서 알맞은 답을 골라 봅시다.　🎧 **Track 08-03**

3.

① ＿＿＿＿＿＿＿＿＿＿＿＿＿＿。

② ＿＿＿＿＿＿＿＿＿＿＿＿＿＿。

③ ＿＿＿＿＿＿＿＿＿＿＿＿＿＿。

▶ 동희와 나나미가 호텔 비품에 대해 이야기 나눈다.

Track 08-04

ナナミ　　そういえば、ドンヒさん。
　　　　　ホテルの部屋にお水はありますか。

ドンヒ　　はい、あります。

ナナミ　　歯ブラシと歯磨き粉もありますか。

ドンヒ　　もちろんあります。

ナナミ　　じゃあ、お化けはいますか。

ドンヒ　　いません。

歯ブラシ 칫솔 ｜ 歯磨き粉 치약 ｜ もちろん 당연히, 물론 ｜ お化け 귀신

◇ 일본의 편의점

일본의 편의점(コンビニ)의 특징과 각 편의점 브랜드의 특색에 대해 알아보자.

공통 화장실이 마련되어 있다.

일본의 편의점은 어느 편의점이든 고객의 편의를 위해 화장실이 마련되어 있으며 물건 구매 여부와 상관없이 누구나 편하게 화장실을 이용할 수 있다. 화장실이 급할 때는 근처에 있는 편의점으로 가면 된다.

1. 세븐일레븐(セブンイレブン)

한국에도 잘 알려진 세븐일레븐은 일본에서 도시락이나 샌드위치가 맛있는 것으로 유명하다. 요즘은 한국도 편의점 도시락이나 샌드위치가 비약적으로 좋아졌지만 일본의 세븐일레븐에서 파는 햄버그스테이크나 오므라이스는 가게에서 먹는 맛과도 비슷할 정도다. 샌드위치는 한국에 비해 빵이 훨씬 부드러운 것이 특징이다.

〈세븐일레븐의 다양한 먹을거리〉

〈달걀 샌드위치를 비롯한 여러 샌드위치들〉

화장실은 저기 ATM 오른쪽에 있습니다.

2. 패밀리마트(ファミリーマート)

예전에 한국에도 있었던 패밀리마트는 일본에서 치킨으로 유명하다. 이곳에서 판매되는 치킨은 패밀리마트 치킨을 줄여 패미치키(ファミチキ)라고 부르며, 저렴한 가격 덕택에 학생들에게 인기가 있다.

〈패미치키〉

〈다양한 치킨 종류〉

3. 미니스톱(ミニストップ)

한국에서도 종종 볼 수 있는 미니스톱은 일본에서 디저트로 유명하다. 기간 한정으로 계절마다 맛이 바뀌는 소프트아이스크림이 가장 인기가 많고 여름철에 출시되는 하로하로(ハロハロ)라는 파르페가 별미이다.

〈진한 말차 아이스크림〉

〈하로하로〉

小さくて丸い湿布です。

작고 동그란 파스입니다.

학습 목표

- 일본어로 사람이나 사물의 성질 또는 상태를 물어보고 대답할 수 있다.
- い형용사를 활용할 수 있다.

학습 내용

- 여행 필수 い형용사(정도, 형태, 감각, 색깔)
- 성질이나 상태를 나타낼 때 필요한 문법
  い형용사의 활용, いい(かっこいい), かわいい의 활용,
  〜けど, 조사 より
- 추천받을 때 사용하는 표현
  〜のおすすめ, おすすめの〜

일본 여행 맛보기

- 일본의 드럭스토어

▶ 그림을 참고하여 대화문을 듣고 어떤 대화인지 추측해 봅시다.

▶ 대화문을 듣고 단어의 읽는 법과 뜻을 아는 대로 적어 봅시다.

☐ 湿布 _____   ☐ 白い _____

☐ どんな _____   ☐ 茶色い _____

☐ 小さくて _____
  (小さい)
                                     ☐ ～けど _____

☐ 丸い _____   ☐ より _____

☐ 冷たくない _____
  (冷たい)
                                     ☐ おすすめ _____

☐ 温かい _____

단어

Words

▶ 앞에 나온 단어의 읽는 법과 뜻을 확인해 봅시다.

□ 湿布(しっぷ) 파스

□ 白い(しろい) 하얗다

□ どんな 어떤

□ 茶色い(ちゃいろい) 갈색이다

□ 小さくて(ちいさくて) (小さい(ちいさい)) 작고(작다)

□ ～けど ~지만

□ 丸い(まるい) 동그랗다

□ より 보다

□ 冷たくない(つめたくない) (冷たい(つめたい)) 차갑지 않다(차갑다)

□ おすすめ 추천

□ 温かい(あたたかい) 따뜻하다

▶ 동희가 나나미와 함께 드럭스토어에서 동전 파스를 찾는다. 🎧 Track 09-01

ナナミ　　あのう、湿布はどこですか。

店員　　　どんな湿布ですか。

ドンヒ　　えっと、小さくて丸い湿布です。

店員　　　冷たい湿布ですか。

ドンヒ　　冷たくないです。温かいです。

店員　　　白いのと茶色いのがありますけど。

　　　　　白いのより茶色いのがおすすめです。

ドンヒ　　じゃあ、茶色いのください。

どんな湿布
ですか。

湿布はどこ
ですか。

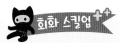 회화 스킬업

2과에서 'の'가 '~의 것'의 뜻을 나타냄을 배웠다. 반복하여 사용되는 명사는 대화문에서처럼 'の'로 대치하여 표현한다. 이때 'の'는 '것'을 뜻하는데 예를 들어, '白いの'는 '하얀 것'을 말한다. 대화에서 자주 사용하므로 익혀 두는 것이 좋다.

01 여행 필수 い형용사

① 정도, 형태

高^{たか}い(비싸다)	多^{おお}い(많다)	早^{はや}い (이르다, 빠르다)	新^{あたら}しい(새롭다)	良^{い/よ}い(좋다)
安^{やす}い(싸다)	少^{すく}ない(적다)	遅^{おそ}い (늦다, 느리다)	古^{ふる}い(낡다)	悪^{わる}い(나쁘다)
大^{おお}きい(크다)	広^{ひろ}い(넓다)	遠^{とお}い(멀다)	汚^{きたな}い(더럽다)	丸^{まる}い(동그랗다)
小^{ちい}さい(작다)	狭^{せま}い(좁다)	近^{ちか}い(가깝다)	うるさい (시끄럽다)	四角^{しかく}い (네모나다)

② 감각

熱^{あつ}い(뜨겁다)	温^{あた}かい(따뜻하다)	暑^{あつ}い(덥다)	暖^{あたた}かい(따뜻하다)
冷^{つめ}たい(차갑다)	温^{ぬる}い(미지근하다)	寒^{さむ}い(춥다)	涼^{すず}しい(시원하다)
おいしい(맛있다)	うまい(맛있다)	しょっぱい(짜다)	辛^{から}い(맵다)
まずい(맛없다)	甘^{あま}い(달다)	酸^すっぱい(시다)	苦^{にが}い(쓰다)

③ 색깔

赤^{あか}い(빨갛다)	黄色^{きいろ}い(노랗다)	白^{しろ}い(하얗다)
青^{あお}い(파랗다)	茶色^{ちゃいろ}い(갈색이다)	黒^{くろ}い(까맣다)

포인트

'高^{たか}い'는 '비싸다' 외에 '높다'로도 표현된다. '따뜻하다'는 기온처럼 몸 전체로 느끼는 따뜻함은 '暖^{あたた}かい'로 표현하고 몸의 일부 또는 마음으로 느끼는 따뜻함은 '温^{あた}かい'로 표현한다. 또한 'うまい'는 주로 남성이 사용하는 말이다.

02 い형용사의 활용

활용형	활용 방법	예시
기본형	-	小_{ちい}さい(작다)
정중형	기본형 + です	小さいです(작습니다)
명사 수식형	기본형 + 명사	小さい湿布_{しっぷ}(작은 파스)
부사형	기본형의 い → く	小さく(작게)
기본 부정형	부사형 + ない	小さくない(작지 않다)
정중 부정형	부사형 + ないです	小さくないです(작지 않습니다)
연결형(て형)	부사형 + て	小さくて(작고, 작아서)

いい(좋다)、かっこいい(멋있다)、かわいい(귀엽다)의 활용

기본형	いい	かっこいい	かわいい
정중형	いいです	かっこいいです	かわいいです
명사 수식형	いい店_{みせ}	かっこいい彼_{かれ}	かわいい彼女_{かのじょ}
부사형	よく	かっこよく	かわいく
기본 부정형	よくない	かっこよくない	かわいくない
정중 부정형	よくないです	かっこよくないです	かわいくないです
연결형(て형)	よくて	かっこよくて	かわいくて

> **포인트**
>
> 'いい'는 부사형으로 활용할 때 'よい'를 기본형으로 삼는다. 또한 'かっこいい'는 모습을 뜻하는 'かっこう'와 좋다의 'いい'가 결합된 단어이기 때문에 마찬가지로 'よい'를 기본형으로 삼아 활용한다. 반면 'かわいい'의 'いい'는 좋다의 'いい'가 아니므로 일반적인 い형용사의 활용과 마찬가지로 어미 'い' 하나만 활용한다.

03 ～ですけど、～ますけど ～지만, ～ㄴ/은데, 는데

この化粧品は高いですけど、いいです。

日本のお菓子は甘いですけど、おいしいです。

あそこにドラッグストアがありますけど、大きくないです。

04 조사 より 보다

そっちの店がこっちの店より安いです。

韓国の夏が日本の夏より暑くないです。

この薬がその薬より効き目が早いです。

05 ～のおすすめ, おすすめの～ 추천

当店のおすすめ

おすすめの商品

化粧品 화장품 | お菓子 과자 | ドラッグストア 드럭스토어 | 夏 여름 | 薬 약 | 効き目 효과 |
当店 이 가게 | 商品 상품

말하기 연습

▶ 〈보기〉와 같이 주어진 단어를 빈칸에 넣어 문장을 완성시키고 소리 내어 말해 봅시다.

1

あのう、このドラッグストアは 大_{おお}きい ですか。

➡ 大_{おお}きくない です。

① 安_{やす}い   ② 高_{たか}い   ③ 新_{あたら}しい

2

あのう、これはどんなお菓子_{かし}ですか。

➡ 小_{ちい}さくて しょっぱい です。

① 黄色_{きいろ}い / 甘_{あま}い   ② 四角_{しかく}い / 酸_すっぱい

③ 丸_{まる}い / かわいい

3

この店_{みせ}は どんな 店_{みせ}ですか。

➡ この店_{みせ}は トイレ が 狭_{せま}くて 汚_{きたな}い です。

① 席_{せき} / 広_{ひろ}い / 大_{おお}きい   ② 量_{りょう} / 多_{おお}い / 安_{やす}い

③ 料理_{りょうり} / 高_{たか}い / まずい

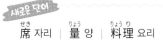

席_{せき} 자리 | 量_{りょう} 양 | 料理_{りょうり} 요리

듣기 연습

▶ 음성을 잘 듣고 빈칸에 알맞은 단어나 표현을 넣어 봅시다.　🎧 Track 09-02

1. ① ソウルは東京_____寒いです。

② これは_____湿布ですか。

③ この薬は効き目が早いです_____、高いです。

2. ① あのドラッグストアは_____が_____です。

② この化粧品は_____けど_____です。

③ ここの料理は量が_____ _____ですか。

▶ 질문을 잘 듣고 ①～③ 중에서 알맞은 답을 골라 봅시다.　🎧 Track 09-03

3.

① _____。

② _____。

③ _____。

플러스 회화

▶ 나나미가 동희에게 약을 건네면서 이야기한다.

🎧 Track 09-04

ドンヒ　ナナミさん、私（わたし）ちょっと頭（あたま）が痛（いた）くて。
　　　　おすすめのいい薬（くすり）ありますか。

ナナミ　えっと、この薬（くすり）はどうですか。
　　　　効（き）き目（め）が早（はや）くて、胃（い）にやさしいです。

ドンヒ　へぇ、なるほど。もしかして、苦（にが）いですか。

ナナミ　ちょっと苦（にが）いです。

💡 포인트

'痛い'는 '頭が痛い'처럼 '신체의 특정 부위 + 痛い'로 사용하며 주로 통증을 가리킨다. 'やさしい'에는 다양한 뜻이 있으며 ①사람의 성격에 사용할 때는 '상냥하다, 착하다'를, ②문제나 게임의 난이도에 사용할 때는 '쉽다'를, ③신체의 특정 부위에 사용할 때는 '부담되지 않다'를 뜻한다.

새로운 단어

ちょっと 조금 │ 頭（あたま）が痛（いた）い 머리가 아프다 │ 胃（い）にやさしい 위에 부담되지 않다 │ もしかして 혹시

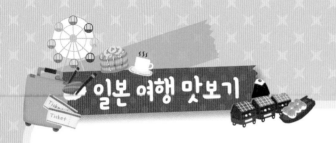

◇ 일본의 드럭스토어

일본의 드럭스토어(ドラッグストア)의 특징과 현지 인기 상품을 알아보자!

일본 여행을 간다면 꼭 들러야 할 곳이 바로 드럭스토어이다. 일본의 약국인 드럭스토어는 약사가 근무하며 의약품을 판매하지만 생활용품, 화장품, 과자 등 의약품 외에도 다양한 상품을 저렴한 가격에 판매하는 만물상이다.
여기서는 일본인이라면 모르는 사람이 없을 정도로 전국적으로 매우 유명한 드럭스토어인 마쓰모토키요시(マツモトキヨシ)의 인기 상품을 소개한다.

1. 생활용품 부문 인기 상품: 중독성 있는 코 풀기 전용 티슈

일반 티슈보다 훨씬 부드럽게 만들어졌으며 잦은 티슈 사용으로 코가 허는 피부 손상을 막아 준다. 비염이나 감기일 때 한 번 쓰면 계속 쓰게 되는 중독성이 있는 제품이다. 꽃가루 알레르기 환자가 많은 일본에서는 필수품.

〈코 풀기 전용 티슈. 살에 닿는 순간
일반 티슈와의 차이를 알 수 있다고 적혀 있다.〉

2. 화장품 부문 인기 상품: 효과가 오래 가는 데오드란트(땀 냄새 제거제)

아침에 한 번 겨드랑이 같은 데 바르면 하루 종일 땀 냄새를 억제해 주는 스틱형 데오드란트이다. 일본은 체취에 민감한 일본인들을 위해 다양한 데오드란트 상품을 판매하는데 가격대가 조금 높더라도 효과가 확실한 제품이 인기가 있다.

〈데오드란트〉

3. 식품 부문 인기 상품: 비닐 파우치형 곤약 젤리

한국에서도 인기가 있지만 일본에서도 곤약 젤리가 인기가 있다. 컵형 곤약 젤리는 노약자나 어린이에게 질식사의 우려가 있어 최근에는 비닐 파우치형의 곤약 젤리가 인기가 있다. 가격도 저렴하여 가족이나 친구들에게 선물하기에도 좋다.

〈곤약 젤리〉

味噌はまろやかで、
豚骨は濃厚です。
_{みそ}
_{とんこつ} _{のうこう}

미소는 순하고 돈코쓰는 진합니다.

학습 목표

- 일본어로 사람 또는 사물의 성질이나 상태를 묻고 대답할 수 있다.
- な형용사를 활용할 수 있다.

학습 내용

- **여행 필수 な형용사(전철, 호텔, 음식점, 상점, 공통)**

- **성질이나 상태를 나타낼 때 필요한 문법**
  な형용사의 활용, きれいだ, 嫌いだ의 활용,
  조사 で, 〜が好きだ(嫌いだ)

- **의미를 극대화시키는 표현**
  一番〜, 大〜
  _{いちばん} _{だい}

일본 여행 맛보기

- 일본의 라멘집

▶ 그림을 참고하여 대화문을 듣고 어떤 대화인지 추측해 봅시다.

 Track 10-01

▶ 대화문을 듣고 단어의 읽는 법과 뜻을 아는 대로 적어 봅시다.

☐ 醤油 _____   ☐ 味噌 _____

☐ 味 _____   ☐ 豚骨 _____

☐ 一番〜 _____   ☐ まろやかで
（まろやかだ） _____

☐ 人気 _____   ☐ 濃厚です
（濃厚だ） _____

☐ 大〜 _____   ☐ で _____

☐ 好きな
（好きだ） _____   ☐ 有名です
（有名だ） _____

▶ 앞에 나온 단어의 읽는 법과 뜻을 확인해 봅시다.

□ 醤油 쇼유(간장)

□ 味噌 미소(된장)

□ 味 맛

□ 豚骨 돈코쓰(돼지 사골 육수)

□ 一番～ 가장

□ まろやかで(まろやかだ)
순하고(순하다)

□ 人気 인기

□ 濃厚です(濃厚だ)
진합니다(진하다)

□ 大～ 엄청

□ で 에서

□ 好きな(好きだ)
좋아하는(좋아하다)

□ 有名です(有名だ)
유명합니다(유명하다)

▶ 라멘집에서 나나미가 동희에게 일본 라멘의 맛을 설명한다.

🎧 Track 10-01

ドンヒ　　ナナミさん、醤油（しょうゆ）はどんな味（あじ）ですか。

ナナミ　　ちょっとしょっぱいですけど、一番人気（いちばんにんき）です。
　　　　　私（わたし）も大好（だいす）きな味（あじ）です。

ドンヒ　　じゃあ、味噌（みそ）と豚骨（とんこつ）はどうですか。

ナナミ　　味噌（みそ）はまろやかで、豚骨（とんこつ）は濃厚（のうこう）です。
　　　　　韓国（かんこく）で豚骨（とんこつ）は有名（ゆうめい）ですよね。

ドンヒ　　有名（ゆうめい）ですけど、濃厚（のうこう）じゃないです。
　　　　　韓国（かんこく）は豚骨（とんこつ）もまろやかです。

ちょっとしょっぱいですけど、
一番人気です。

醤油はどんな
味ですか。

 회화 스킬업➕➕

7과에서 '〜ですね'가 '〜(이)지요(확인)'의 뜻을 나타냄을 배웠다. 전에 들은 얘기나 기억이 긴가민가하여
말하고자 하는 내용에 대해 불확실의 소지가 있음을 강조할 때 '〜ですね'의 '〜です'와 'ね' 사이에 'よ'를
넣어 '〜ですよね'로 표현하면 된다.

01 여행 필수 な형용사

① 전철, 호텔

便利だ(편리하다)	静かだ(조용하다)	有名だ(유명하다)
不便だ(불편하다)	にぎやかだ (번화하다, 시끄럽다)	きれいだ (깨끗하다, 예쁘다)

② 음식점

好きだ(좋아하다)	まあまあだ (그럭저럭 만족스럽다)	まろやかだ (맛이 순하다)
嫌いだ(싫어하다)	独特だ(특이하다)	濃厚だ(맛이 진하다)

③ 상점

おしゃれだ(멋지다)	コンパクトだ(아담하다)	カラフルだ(컬러풀하다)
丈夫だ(튼튼하다)	透明だ(투명하다)	シンプルだ(심플하다)

④ 공통

必要だ(필요하다)	不要だ(불필요하다)	大丈夫だ(괜찮다)

포인트

'きれいだ'는 한국어로 '예쁘다'와 '깨끗하다'라는 표현이다. 그런데 일본에서 '예쁘다'의 뜻으로는 'かわいい'를 빈번히 사용한다. 일본어로 'きれいだ'는 '정말로' 예쁜 사람이나 물건에 주로 쓴다.

02 な형용사의 활용

활용형	활용 방법	예시
기본형	-	好_すきだ(좋아하다)
정중형	기본형의 だ + です	好_すきです(좋아합니다)
명사 수식형	기본형의 だ → な + 명사	好_すきな味_{あじ}(좋아하는 맛)
부사형	기본형의 だ → に	好_すきに(좋게)
기본 부정형	기본형의 だ + じゃない	好_すきじゃない(좋아하지 않다)
정중 부정형	기본형의 だ + じゃないです	好_すきじゃないです (좋아하지 않습니다)
연결형(て형)	기본형의 だ → で	好_すきで(좋아하고, 좋아해서)

きれいだ(깨끗하다, 예쁘다), 嫌_{きら}いだ(싫어하다)의 활용

기본형	きれいだ	嫌_{きら}いだ
정중형	きれいです	嫌_{きら}いです
명사 수식형	きれいな部屋_{へや}	嫌_{きら}いな料理_{りょうり}
부사형	きれいに	嫌_{きら}いに
기본 부정형	きれいじゃない	嫌_{きら}いじゃない
정중 부정형	きれいじゃないです	嫌_{きら}いじゃないです
연결형(て형)	きれいで	嫌_{きら}いで

포인트

'きれいだ'와 '嫌_{きら}いだ'는 활용을 통해 'だ'가 빠지면 'きれい'와 '嫌_{きら}い'가 되기 때문에 'きれいだ'와 '嫌_{きら}いだ'를 い형용사로 착각하는 경향이 있다. 특히 'きれいだ'와 '嫌_{きら}いだ'를 부정형으로 활용할 때 각각 'きれくない'와 '嫌_{きら}いくない'처럼 착각하는 경우가 종종 있으므로 조심해야 한다.

03 〜が好きだ(嫌いだ) 〜을/를 좋아하다(싫어하다)

彼は濃厚なスープが好きです。

彼女は味付けたまごが嫌いです。

04 조사 で 에서(주로 '장소'와 함께 사용됨)

日本で地下鉄の乗り換えは不便です。

韓国でラーメン屋はキムチが必要です。

冬はコンビニでおでんが人気です。

05 一番〜, 大〜 가장〜, 아주(매우)〜

一番〜   一番好き(だ), 一番嫌い(だ), 一番人気 etc…

大〜   大好き(だ), 大嫌い(だ), 大人気 etc…

포인트

'一番〜'은 모든 단어에 사용하지만 '大〜'는 특정 단어에만 사용한다.

새로운 단어

スープ 육수 | 味付けたまご 삶은 달걀을 간장에 담근 것 | 乗り換え 환승 | ラーメン屋 라멘집 |

キムチ 김치 | 冬 겨울 | おでん 어묵탕

▶ 〈보기〉와 같이 주어진 단어를 빈칸에 넣어 문장을 완성시키고 소리 내어 말해 봅시다.

1

あのう、この店^{みせ}は 好^すき ですか。

➡ 好^すきじゃない です。

① きれいだ ② 便利^{べんり}だ ③ 静^{しず}かだ

2

あのう、これはどんな商品^{しょうひん}ですか。

➡ まろやかで 濃厚^{のうこう} です。

① カラフルだ / おしゃれだ ② 丈夫^{じょうぶ}だ / コンパクトだ
③ 透明^{とうめい}だ / シンプルだ

3

その ラーメン は どうですか。

➡ この ラーメン は しょっぱくて 嫌^{きら}い です。

① 日本酒^{にほんしゅ} / 高^{たか}い / 有名^{ゆうめい}だ ② 漬物^{つけもの} / 酸^すっぱい / 好^すきだ
③ ビール / 甘^{あま}い / まろやかだ

 새로운 단어

日本酒^{にほんしゅ} 청주 ｜ 漬物^{つけもの} 절임(백김치와 유사함) ｜ ビール 맥주

▶ 음성을 잘 듣고 빈칸에 알맞은 단어나 표현을 넣어 봅시다.　　🎧 Track 10-02

1. ① あなたはどんな味＿＿＿＿＿好きですか。

② 韓国＿＿＿＿＿日本のラーメンが人気です。

③ 私は豚骨スープが＿＿＿＿＿嫌いです。

2. ① このホテルは＿＿＿＿＿＿＿ ＿＿＿＿＿＿＿。

② あそこのビールは＿＿＿＿＿けど＿＿＿＿＿＿＿。

③ ここの＿＿＿＿＿＿＿日本酒は＿＿＿＿＿＿＿か。

▶ 질문을 잘 듣고 ①～③ 중에서 알맞은 답을 골라 봅시다.　　🎧 Track 10-03

3.

① ＿＿＿＿＿＿＿＿＿＿。

② ＿＿＿＿＿＿＿＿＿＿。

③ ＿＿＿＿＿＿＿＿＿＿。

▶ 라멘집에서 동희와 나나미가 라멘 맛에 대해 이야기를 나눈다.   🎧 Track 10-04

ナナミ　　ドンヒさん、ラーメンの味はどうですか。

ドンヒ　　この味噌スープがまろやかで、絶品です。

　　　　　麺と相性も抜群です。

ナナミ　　そうですか。

　　　　　じゃあ、替え玉はどうですか。

ドンヒ　　いいえ、大丈夫です。

　　　　　私ダイエット中です。

새로운 단어

絶品だ 일품이다 │ 麺 면 │ 相性 궁합 │ 抜群だ 뛰어나다 │ 替え玉 사리 추가 │ ダイエット中 다이어트 중

◇ 일본의 라멘집

일본 라멘(ラーメン)의 특징과 유명 라멘 체인점을 알아보자!

최근 많은 외국인 관광객들에게 각광받고 있는 음식이 라멘(ラーメン)이다. 라멘은 간장을 뜻하는 쇼유(醬油), 된장을 뜻하는 미소(味噌), 돼지 사골 육수를 뜻하는 돈코쓰(豚骨) 등 여러 종류의 맛이 있으며 기호에 따라 선택하여 먹는다. 다만, 한 가지 맛만 파는 가게도 간혹 있다. 외국인에게는 간장 맛이나 된장 맛 라멘이 낯설 수 있는데 그나마 돈코쓰 맛은 한국인의 입맛에는 무난한 경우가 꽤 있다. 하지만 돼지 사골 육수 맛 중에서도 느끼할 정도로 매우 진한 맛을 추구하는 가게들도 있기 때문에 주의가 필요하다.

여기서는 한국 사람들의 입맛에 비교적 잘 맞는 전국 유명 라멘 체인점을 소개한다.

1. 한국 사람들에게 가장 사랑받는 돈코쓰 라멘집: 이치란(一蘭)

한국 사람들을 포함하여 외국인 관광객들에게 가장 많은 인기를 얻은 돈코쓰 라멘 전문점이다. 돼지 육수 특유의 잡내를 완전히 제거하여 돈코쓰의 맛을 최대한 살린 국물이 일품이다.

〈이치란 본점 외관〉

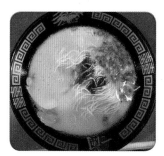

〈이치란 라멘〉

2. 돈코쓰 라멘 하면 바로 생각나는 돈코쓰 라멘집: 잇푸도(一風堂^{いっぷうどう})

돈코쓰 라멘 전문점 중에서 가장 잘 알려진 곳이다. 돈코쓰 특유의 냄새나 맛을 싫어하는 사람들에게도 사랑받는 비교적 순한 육수에 국물 맛이 잘 배는 잇푸도만의 극세면(極細麺^{ごくぼそめん})이 절묘한 궁합을 자랑한다.

〈잇푸도 본점 외관〉

〈잇푸도 라멘〉

3. 돼지 사골 육수의 맛이 그대로 살아 있는 돈코쓰 라멘집: 다루마(だるま)

일반적인 돈코쓰 라멘은 돼지 사골 육수 특유의 누린내를 없애 돈코쓰를 싫어하는 사람들도 먹기 좋게 개량하지만, 이곳은 외려 돼지 사골 육수의 맛과 냄새를 그대로 살려 아주 진한 육수를 맛볼 수 있다. 제대로 진한 육수를 좋아하는 사람들에게 추천한다.

〈다루마 점포 외관〉

〈다루마 라멘〉

私は赤身が好きなので、マグロを頼みます。

나는 붉은 살을 좋아하니까 참치를 주문하겠습니다.

학습 목표

- 일본어로 행위를 표현할 수 있다.
- 동사를 ます형으로 활용할 수 있다.

학습 내용

- 여행 필수 동사(1그룹, 2그룹, 3그룹)
- 행위를 나타낼 때 필요한 문법
  동사의 ます형 활용, ～ので, 조사 を
- 특정 재료(사물)를 빼는 표현
  ～抜き

일본 여행 맛보기

- 일본의 회전초밥집

▶ 그림을 참고하여 대화문을 듣고 어떤 대화인지 추측해 봅시다.   Track 11-01

▶ 대화문을 듣고 단어의 읽는 법과 뜻을 아는 대로 적어 봅시다.

☐ 寿司屋 _____   ☐ ヒラメ _____

☐ ネタ _____   ☐ わさび _____

☐ 〜ので _____   ☐ 〜抜きで _____

☐ を _____   ☐ 辛さ _____

☐ 食べます _____   ☐ 赤身 _____
　（食べる）

☐ いつも _____   ☐ マグロ _____

☐ 白身 _____   ☐ 頼みます _____
　　　　　　　　　　　　　　　　　　　　　（頼む）

단어

▶ 앞에 나온 단어의 읽는 법과 뜻을 확인해 봅시다.

□ 寿司屋 (すしや) 초밥집　　　　　□ ヒラメ 광어

□ ネタ 초밥에 올리는 생선　　　　□ わさび 와사비

□ ～ので ~(으)니까　　　　　　　□ ～抜きで (ぬ) ~빼고

□ を 을/를　　　　　　　　　　　□ 辛さ (から) 매움, 맵기

□ 食べます(食べる) (た)(た)　　　□ 赤身 (あか み) 붉은 살
　먹습니다(먹다)

□ いつも 항상　　　　　　　　　□ マグロ 참치

□ 白身 (しろ み) 흰 살　　　　　□ 頼みます(頼む) (たの)(たの)
　　　　　　　　　　　　　　　　시킵니다(시키다)

나는 붉은 살을 좋아하니까 참치를 주문하겠습니다.

▶ 동희가 나나미와 함께 유명 초밥집에 들어가서 초밥에 대해 이야기한다.

 Track 11-01

ドンヒ 　ここが有名な寿司屋ですか。

ナナミ 　はい。ネタが大きくて安いので、人気です。
　　　　ドンヒさん、何を食べますか。

ドンヒ 　私はいつも白身から食べるので、
　　　　ヒラメをわさび抜きでお願いします。

ナナミ 　ドンヒさんはわさびが嫌いですか。

ドンヒ 　はい。わさびの独特な辛さがちょっと…。

ナナミ 　私は赤身が好きなので、マグロを頼みます。

何を食べ
ますか。

ヒラメをわさび抜きで
お願いします。

회화 스킬업 ++

10과에서 '~が嫌いだ(을/를 싫어하다)'를 학습하였지만 실제 회화에서는 '~が嫌いだ(을/를 싫어하다)'처럼 직설적으로 표현하기보다 완곡하게 '~がちょっと…'처럼 표현하는 것이 좋다.

01 여행 필수 동사

1그룹(5단 활용 동사)

行く(가다)	乗る(타다)	泊まる(묵다)
帰る(돌아가다)	持つ(들다)	払う(돈을 내다)
買う(사다)	探す(찾다)	使う(쓰다)
出す(내다)	返す(돌려주다)	頼む(주문하다, 부탁하다)
もらう(받다)	言う(말하다)	待つ(기다리다)
ある(있다)	聞く(듣다, 묻다)	飲む(마시다)

2그룹(상1단 또는 하1단 활용 동사)

見る(보다)	降りる(내리다)	預ける(맡기다)
見せる(보여주다)	いる(있다)	食べる(먹다)

3그룹(か행, さ행 변칙(불규칙) 활용)

来る(오다)	する(하다)

> **포인트**
>
> 5단 활용이란 동사를 활용할 때 해당 동사의 마지막 히라가나가 속하는 단 전체의 히라가나를 각 활용형에 따라 골고루 사용하여 활용함을 뜻한다. 반면 상단 또는 하단 활용은 う단 기준으로 상단 또는 하단 즉, い단 또는 え단만 사용하여 활용함을 뜻한다. か행, さ행 변칙(불규칙) 활용은 말 그대로 불규칙 활용을 뜻하며 활용할 때 '来る'는 か행을 'する'는 さ행에 속하는 히라가나를 불규칙적으로 사용한다.

02 동사의 **ます**형 활용

그룹	그룹 식별 방법	활용 방법	예시
1	○○る → × る로 끝나지 않는 모든 동사	う단 → い단 + ます	行<ruby>く<rt>い</rt></ruby> → 行<ruby>き<rt>い</rt></ruby>ます (가다) (갑니다)
	○○る る 직전 히라가나가 あ, う, お단		乗<ruby>る<rt>の</rt></ruby> → 乗<ruby>り<rt>の</rt></ruby>ます (타다) (탑니다)
	예외(형태는 2그룹 동사) 帰<ruby>る<rt>かえ</rt></ruby> etc…		帰<ruby>る<rt>かえ</rt></ruby> → 帰<ruby>り<rt>かえ</rt></ruby>ます (돌아가다) (돌아갑니다)
2	○○る る 직전 히라가나가 い, え단	○○<s>る</s> + ます	見<ruby>る<rt>み</rt></ruby> → 見<ruby>ます<rt>み</rt></ruby> (보다) (봅니다)
			食<ruby>べる<rt>た</rt></ruby> → 食<ruby>べます<rt>た</rt></ruby> (먹다) (먹습니다)
3	来<ruby>る<rt>く</rt></ruby>		来<ruby>る<rt>く</rt></ruby> → 来<ruby>ます<rt>き</rt></ruby> (오다) (옵니다)
	する		する → します (하다) (합니다)

> **포인트**
>
> 동사의 **ます**형 황용에서 가장 중요한 것은 동사의 그룹 식별이다. 동사를 보고 그 동사가 몇 번 그룹인지 알아낼 수 있어야만 그룹에 맞는 활용 방법으로 정확히 활용할 수 있다. 특히 る로 끝나는 동사의 그룹을 제대로 식별할 수 있도록 해야 한다.

ます형의 부정형

ます → ません
行<ruby>き<rt>い</rt></ruby>ます(갑니다) → 行<ruby>き<rt>い</rt></ruby>ません(가지 않습니다)

03 ～ので　～(으)니까, ～기 때문에

サーモンは安くておいしいので、人気です。(い형용사)

今日は時間があるので、お酒を飲みます。(동사)

寿司は生ものなので、ガリと一緒に食べます。(명사)

ウニは味が独特なので、嫌いな人もいます。(な형용사)

> **포인트**
>
> 일본어는 액체나 약처럼 씹지 않고 삼키는 것에 '食べる'를 사용할 수 없다.

04 조사 を　을(를)

お店でパスポートを見せます。

次の駅で電車を降ります。

ホテルに荷物を預けます。

> **포인트**
>
> 일본어로 '전철을 타다'는 'に'를 취하여 '電車に乗る'로 표현한다.

05 ～抜き　～빼고

～抜き　　わさび抜き, ねぎ抜き etc…

새로운 단어

サーモン 연어 | お酒 술 | 生もの 날것 | ガリ 초생강 | 一緒に 같이 | ウニ 성게 | ねぎ 파

▶ 〈보기〉와 같이 주어진 단어를 빈칸에 넣어 문장을 완성시키고 소리 내어 말해 봅시다.

1

食(た)べる

➡ 2그룹, 食(た)べます, 食(た)べません

① 泊(と)まる　　　　② もらう　　　　③ 教(おし)える

2

あのう、日曜日(にちようび)は何(なに)をしますか。

➡ 寿司屋(すしや) で 寿司(すし)を食(た)べます。

① ドラッグストア / 薬(くすり)を買(か)う　　② コンビニ / 本(ほん)を読(よ)む

③ カフェ / コーヒーを飲(の)む

3

わさび は 辛(から)い ので、嫌(きら)いです 。

① お金(かね) / たくさんある / 大丈夫(だいじょうぶ)だ

② わさび / 鼻(はな)が痛(いた)い / 嫌(きら)いだ

③ このホテル / 部屋(へや)がきれいだ / 人気(にんき)だ

새로운 단어

本(ほん) 책 ｜ コーヒー 커피 ｜ たくさん 많이 ｜ 鼻(はな) 코 ｜ 教(おし)える 가르치다

▶ 음성을 잘 듣고 빈칸에 알맞은 단어나 표현을 넣어 봅시다. 🎧 Track 11-02

1. ① 金曜日は時間がある＿＿＿＿＿、一緒に飲みますか。

② すみません、ちょっとトイレ＿＿＿＿＿使います。

③ ラーメンをねぎ＿＿＿＿＿お願いします。

2. ① ＿＿＿＿＿ので、このホテルに＿＿＿＿＿。

② キムチを＿＿＿＿＿ので、追加でお金を＿＿＿＿＿。

③ あの店は人気が＿＿＿＿＿ので、＿＿＿＿＿。

▶ 질문을 잘 듣고 ①~③ 중에서 알맞은 답을 골라 봅시다. 🎧 Track 11-03

3.

① ＿＿＿＿＿。

② ＿＿＿＿＿。

③ ＿＿＿＿＿。

플러스 회화

▶ 동희와 나나미가 한잔하며 이야기하려고 한다.

🎧 Track 11-04

ナナミ　　ドンヒさん、一杯飲みますか。

ドンヒ　　はい。じゃあ、ビールお願いします。

ナナミ　　生ビールですか。瓶ビールですか。

ドンヒ　　生ビールの中ジョッキです。

　　　　　ナナミさんは？

ナナミ　　私は甘い果実サワーを頼みます。

ドンヒ　　おいしいですか。

ナナミ　　これはジュースなので、もちろんおいしいです。

一杯 한잔 ｜ 生ビール 생맥주 ｜ 瓶ビール 병맥주 ｜ 中ジョッキ 약500cc ｜ 果実サワー 과일 칵테일

제11과 私は赤身が好きなので、マグロを頼みます。　141

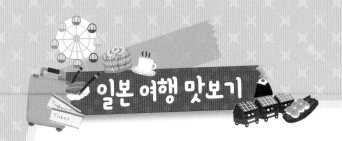

일본 여행 맛보기

◇ 일본의 회전초밥집

일본의 회전초밥집(回転寿司屋)의 특징과 유명 회전초밥 체인점을 알아보자!

원래 초밥은 일본에서도 고급 음식이었으며 자주 먹을 수 있는 것이 아니었다. 그런데 초밥을 저렴한 가격에 제공해 주는 회전초밥집이 등장하면서 초밥이 대중적인 음식이 되었다. 일본의 유명 회전초밥 체인점은 거의 대부분이 생선의 종류를 불문하고 한 접시(2개)를 100엔 안팎에 제공하고 있다. 최근에는 회전초밥집이 많이 생기면서 손님을 잡기 위해 가격뿐만 아니라 생선의 신선도나 서비스 등에도 신경을 쓰고 있다.
여기서는 한국에도 들어와 있는 유명 회전초밥 체인점을 중심으로 소개한다.

1. 맛과 청결함으로 만족도가 높은 초밥집: 갓텐즈시(がってん寿司)

한국에도 서울 시내를 중심부터 교외의 대형 쇼핑몰까지 많은 점포가 있는 갓텐즈시는 일본에서도 맛은 물론 청결함으로 유명하다. 가격대는 조금 비싼 편이지만 가격에 걸맞은 질 높은 초밥을 제공해 준다. 일본 현지에서는 토요일에 방문하면 참치 해체쇼를 볼 수 있다.

〈갓텐즈시 점포 외관〉

〈갓텐즈시의 초밥〉

2. 세계에서 엄선한 생선을 저렴한 가격에 제공하는 초밥집: 스시로(スシロー)

한국에도 몇 군데 점포가 있는 스시로는 질이 높은 거의 모든 종류의 초밥을 100엔에 제공해 준다. 그 외에 다른 초밥집에서 비싼 가격에 제공하는 참치 뱃살 등 고급 생선 부위도 150엔~300엔으로 즐길 수 있다. 또한 생선의 신선도를 유지하기 위해 생선은 점포 내에서 조리하고 있다.

〈스시로 점포 외관〉

〈스시로의 초밥〉

3. 평일은 한 접시 90엔에 제공하는 초밥집: 하마즈시(はま寿司)

하마즈시는 엄격한 안전 기준을 마련하여 손님이 비교적 안전하게 초밥을 먹을 수 있도록 노력하고 있다. 주말에는 다른 회전초밥집과 마찬가지로 한 접시 100엔이지만 평일에는 90엔으로 할인하고 있어 평일 방문이 가성비가 더욱 좋다는 점이 큰 매력이다.

〈하마즈시 점포 외관〉

〈하마즈시의 초밥〉

タワーとかお寺とか
観光地を見たいです。

타워라든지 절이라든지 관광지를 보고 싶습니다.

학습 목표

- 일본어로 희망하는 행위를 표현할 수 있다.
- 동사를 ます형으로 활용할 수 있다. [복습]

학습 내용

- **여행 필수 명사 + する**

- **희망하는 행위를 나타낼 때 필요한 문법**
  ます형 + たいです, 조사 に②, 조사 とか,
  동사 기본형 + 時

- **휴식이나 휴가를 나타내는 표현**
  ～休み

일본 여행 맛보기

- 일본의 여행 선물

▶ 그림을 참고하여 대화문을 듣고 어떤 대화인지 추측해 봅시다.

▶ 대화문을 듣고 단어의 읽는 법과 뜻을 아는 대로 적어 봅시다.

☐ また　　　　　＿＿＿＿＿＿

☐ 来たいです　＿＿＿＿＿＿
　（来たい）

☐ 今度　　　　　＿＿＿＿＿＿

☐ したいですか　＿＿＿＿＿＿
　（したい）

☐ 食べ歩き　　　＿＿＿＿＿＿

☐ とか　　　　　＿＿＿＿＿＿

☐ ショッピング　＿＿＿＿＿＿

☐ タワー　　　　＿＿＿＿＿＿

☐ お寺　　　　　＿＿＿＿＿＿

☐ 観光地　　　　＿＿＿＿＿＿

☐ 見たいです　　＿＿＿＿＿＿
　（見たい）

☐ あと　　　　　＿＿＿＿＿＿

☐ テーマパーク　＿＿＿＿＿＿

☐ 時　　　　　　＿＿＿＿＿＿

Words

▶ 앞에 나온 단어의 읽는 법과 뜻을 확인해 봅시다.

□ また 또

□ タワー 타워

□ 来_きたいです(来_きたい)
오고 싶습니다(오고 싶다)

□ お寺_{てら} 절

□ 今度_{こんど} 다음

□ 観光地_{かんこうち} 관광지

□ したいですか(したい)
하고 싶습니까(하고 싶다)

□ 見_みたいです(見_みたい)
보고 싶습니다(보고 싶다)

□ 食_たべ歩_{ある}き 맛집 순례

□ あと 그리고

□ とか 라든지

□ テーマパーク 테마파크

□ ショッピング 쇼핑

□ 時_{とき} 때

146 타워라든지 절이라든지 관광지를 보고 싶습니다.

▶ 나나미가 입국심사장에 들어가려고 하는 동희와 마지막으로 이야기를 나눈다. 🎧 Track 12-01

ナナミ　ドンヒさん、また日本に来ますか。

ドンヒ　はい、もちろんです。また休みに来たいです。

ナナミ　今度は何がしたいですか。

ドンヒ　食べ歩きとかショッピングも良いですけど、

　　　　タワーとかお寺とか観光地を見たいです。

　　　　あと、テーマパークに行きたいです。

ナナミ　じゃあ、また来る時に連絡ください。

ドンヒ　はい、行く時にまた連絡します。

また休みに
来たいです。

また日本に
来ますか。

🐱 회화 스킬업

'あと'는 일본어사전을 찾으면 '뒤' 등으로 나오지만 회화에서는 어떤 말에 덧붙여 '그리고'와 같은 뜻으로 자주 사용한다. 참고로 일본어사전에서 '그리고'를 찾으면 'それから', 'そして'와 같은 말이 나오는데 이 단어들은 문어체나 격식을 차린 자리에서 주로 사용한다.

문형과 표현

01 여행 필수 명사 + する

観光する(관광하다)	交換する(교환하다)	両替する(환전하다)
食べ歩きする (맛집 순례하다)	返品する(반품하다)	確認する(확인하다)
ショッピングする(쇼핑하다)	返金する(환불하다)	割引する(할인하다)
案内する(안내하다)	予約する(예약하다)	追加する(추가하다)
連絡する(연락하다)	キャンセルする(취소하다)	お持ち帰りする(포장하다)

02 ます형 + たいです　~고 싶습니다

一番効き目がある薬を買いたいです。

おしゃれな商品をたくさん見たいです。

大人気のお菓子が食べたいです。

> **포인트**
>
> 원래 목적어를 필요로 하는 타동사에는 조사 '을'를 사용하지만 일본어는 타동사가 희망을 나타내는 'たい' 와 함께 사용되면 'い'로 끝나는 'い형용사'가 된다. 따라서 'い형용사'로 취급해 조사 'が'를 쓸 수 있게 된 다. 참고로 기본 부정형은 'たくない'가 되고 정중 부정형은 'たくないです'가 된다.
> 일반적으로 본인의 강한 희망을 나타낼 때 'が'를 쓴다.

03 조사 に 에, (으)로

주로 行く, 来る, 帰る 등과 함께 동작의 도착점을 나타낼 때 사용됨

空港に行きたいです。

また韓国に来たいですか。

今からホテルに帰ります。

시간(요일, 기간)을 나타낼 때 사용됨

5時にレストランを予約しますか。

火曜日にデパートでショッピングします。

連休に博多を観光したいです。

> **포인트**
>
> 시간(요일, 기간)을 나타낼 때 사용하는 조사 'に'는 (구체적인 숫자가 들어가는) 시간이나 요일과는 함께 잘 쓰지만 '今日', '昨日', '明日' 등과는 잘 쓰지 않는다. 참고로 '最近(최근)', '昔(옛날)', '以前(이전)' 등과는 전혀 함께 쓰지 않는다. 즉, '最近に(최근에)' 처럼 사용할 수 없다.

空港 공항 | 旅行 여행 | レストラン 레스토랑 | 連休 연휴 | 博多 하카타(후쿠오카의 도시)

04 **조사 とか** 라든지, (이)나

今日（きょう）は寿司（すし）とか天（てん）ぷらとか食（た）べたいです。

日本（にほん）は東京（とうきょう）とか大阪（おおさか）が有名（ゆうめい）ですか。

明日（あした）は京都（きょうと）の神社（じんじゃ）とかお寺（てら）に行（い）きます。

05 **동사 기본형(ます가 없는 형태)+ 時（とき）** ～때

返品（へんぴん）する時（とき）は商品（しょうひん）とレシートが必要（ひつよう）ですか。

割引（わりびき）する時（とき）、パスポートを確認（かくにん）します。

ラーメンをたくさん食（た）べたい時（とき）は麺（めん）を追加（ついか）します。

06 **～休（やす）み** 쉬는 날, 쉬는 시간, 방학

～休（やす）み、　　昼休（ひるやす）み、夏休（なつやす）み、冬休（ふゆやす）み、etc…

새로운 단어

京都（きょうと）교토 ｜ 神社（じんじゃ）신사 ｜ 昼休（ひるやす）み 점심시간 ｜ 夏休（なつやす）み 여름 방학 ｜ 冬休（ふゆやす）み 겨울 방학

▶ 〈보기〉와 같이 주어진 단어를 빈칸에 넣어 문장을 완성시키고 소리 내어 말해 봅시다.

1

日本に来る

➡ 3그룹, 日本に来ます, 日本に来たいです

① 空港に行く   ② お金を両替する   ③ 電車に乗る

2

<u>食べ歩きしたい</u> 時は <u>大阪に行きます</u>。

① トイレに行く / コンビニを使う
② 交換する / 商品を返す
③ ホテルで食べる / お持ち帰りする

3

あのう、明日は何をしたいですか。

➡ <u>タワー</u> とか <u>お寺</u> を <u>見たいです</u>。

① 牛丼 / たこ焼き / 食べる   ② 湿布 / 薬 / 買う
③ 日本酒 / ビール / 飲む

▶ 음성을 잘 듣고 빈칸에 알맞은 단어나 표현을 넣어 봅시다. Track 12-02

1. ① 朝10時＿＿＿＿＿空港に行きますか。

② テーマパークは東京＿＿＿＿＿大阪にあります。

③ 電車に乗る＿＿＿＿＿、連絡ください。

2. ① 夏休み＿＿＿＿＿博多に＿＿＿＿＿＿＿。

② ＿＿＿＿＿にレストランを＿＿＿＿＿＿＿。

③ ＿＿＿＿＿＿＿時は私が＿＿＿＿＿＿＿。

▶ 질문을 잘 듣고 ①～③ 중에서 알맞은 답을 골라 봅시다. Track 12-03

3.

① ＿＿＿＿＿＿＿。

② ＿＿＿＿＿＿＿。

③ ＿＿＿＿＿＿＿。

플러스 회화

▶ 동희가 일본 공항 면세점에서 선물을 사려고 한다.

Track 12-04

ドンヒ	あのう、すみません。
てんいん 店員	何_{なに}かお探_{さが}しですか。
ドンヒ	日本_{にほん}のお土産_{みやげ}が買_かいたいです。
てんいん 店員	どんなお土産_{みやげ}ですか。
ドンヒ	えっと、おすすめはありますか。
てんいん 店員	じゃがいもとかチョコレートのお菓子_{かし}が人気_{にんき}です。 あと、あんこのお菓子_{かし}もおすすめです。
ドンヒ	じゃあ、全部_{ぜんぶ}ください。

새로운 단어

お探_{さが}し 찾으심 | お土産_{みやげ} 여행 선물 | じゃがいも 감자 | チョコレート 초콜릿 | あんこ 팥소 | 全部_{ぜんぶ} 전부

◇ 일본의 여행 선물

일본의 여행 선물(お土産) 중 인기 과자 선물을 알아보자!

외국인 관광객들에게 가장 인기 있는 여행 선물은 맛도 좋고 가격도 저렴한 가성비 최고의 과자 선물이다. 일본에는 여행을 다녀오면 남은 가족이나 직장 동료 등을 위해 여행지의 과자를 선물하는 문화가 있으며 각 지역마다 특색이 있는 과자 선물이 마련되어 있다. 공항은 전국의 과자 선물이 한 곳에 모여 있어 취향에 맞는 과자를 고르는 재미가 있다.

여기서는 일본에서도 인기가 있고 한국 사람 입맛에도 맞는 과자를 중심으로 소개한다.

1. 감자의 맛을 제대로 살린 스틱형 과자: 자가폿쿠루(じゃがポックル)

홋카이도산 감자와 오호츠크해의 바닷물에서 얻은 소금을 사용한 홋카이도 과자다. 감자 과자 하면 감자칩이 아닐까 하지만, 자가폿쿠루는 스틱 모양에 아삭함까지 더해 우리에게 익숙한 감자칩과는 다른 농밀하고 진한 감자의 맛을 껍질째 느낄 수 있다.

〈자가폿쿠루 포장〉

〈자가폿쿠루〉

2. 단맛과 짭짤한 맛의 궁합이 절묘한 과자: 포테이토칩 초콜릿(ポテトチップ チョコレート)

생초콜릿으로 유명한 로이즈가 만든 홋카이도의 과자 선물이다. 감자칩에 초콜릿을 코팅했는데, 초콜릿의 단맛과 감자칩의 짭짤한 맛을 동시에 느낄 수 있어 의외의 인기를 끈다.

〈포테이토칩 초콜릿〉

3. 우유 향이 풍부한 만주 피에 부드러운 흰 팥소를 넣은 과자: 하카타도리몬(博多通りもん)

세계적인 과자 경연 대회에서 19년 연속 금상을 받은 후쿠오카의 과자이다. 일본 과자를 대표하는 만주(まんじゅう)의 형태를 취하지만 재료에 우유와 버터를 풍부하게 사용해 서양의 감성을 담은 만주 과자이다.

〈하카타도리몬〉

부록

▶ **본문 회화 해석** p.158

▶ **듣기 연습 스크립트** p.161

▶ **트랙 목차** p.164

본문 회화 해석

제3과

p.39

• 회화 •

동희 　저, 나나미 씨입니까?

스즈키 　아니요, 나나미가 아니에요.

동희 　저, 나나미 씨입니까?

나나미 　네, 그렇습니다.

동희 　처음 뵙겠습니다. 저는 김동희입니다.

나나미 　처음 뵙겠습니다. 가와이 나나미입니다.

동희 　잘 부탁합니다.

나나미 　저야말로 잘 부탁합니다.

• 플러스 회화 •

p.45

동희 　저, 나나미 씨는 회사원이에요?

나나미 　아니요, 미용사입니다. 동희 씨는요?

동희 　저요? 저는 학생입니다.

나나미 　저, 동희 씨는 서울 출신이에요?

동희 　네. 나나미 씨는요? 도쿄 출신입니까?

나나미 　아니요, 고베 출신입니다.

동희 　고베요… 고베산 고급 소고기예요?

나나미 　네, 그렇습니다.

제4과

p.51

• 회화 •

나나미 　동희 씨, 이거 받아요.

동희 　어? 이게 뭐예요?

나나미 　그것은 전철 표입니다.

동희 　제 것이에요? 감사합니다.

동희 　어? 저 카드는 뭐예요?

나나미 　저것도 표입니다.
　　　　저것은 스이카, 일본의 교통카드입니다.

• 플러스 회화 •

p.57

동희 　저, 우에노행 전철은 어느 것입니까?

역무원 　이 전철입니다.

동희 　감사합니다.

나나미 　동희 씨, 이것은 특급이에요.
　　　　이 전철이 아니에요.

동희 　이 다음 전철이에요?

나나미 　네, 저는 부자가 아닙니다.

제5과

p.63

• 회화 •

동희 　전철의 첫차는 몇 시예요?

나나미 　첫차는 오전 4시 반입니다.

동희 　그럼, 막차는 몇 시예요?

나나미 　막차는 새벽 1시입니다.

동희 　오, 그렇구나.
　　　　그러고 보니까, 퇴근 혼잡 시간은 몇 시부터
　　　　몇 시까지예요?

나나미 　오후 5시부터 7시까지입니다.

• 플러스 회화 •

p.69

동희 　나나미 씨, 지금 몇 시예요?

나나미 　오전 10시 반입니다.

동희 　그럼, 우에노역 도착은 몇 시예요?

나나미 　오후 12시 정각입니다.

동희 　그러고 보니, 점심은요?

나나미 　소고기덮밥집입니다.

동희 　소고기덮밥집은 몇 시부터예요?

나나미 　24시간 영업입니다.

제6과

p.75

• 회화 •

점원 　어서 오세요. 주문하세요.

나나미 　음, 소고기덮밥 보통 사이즈 주세요.

동희 　저는 소고기덮밥 곱빼기와 샐러드 주세요.

점원 　계산은 따로따로입니까?

나나미 　함께예요.

점원 　합계 1060엔입니다.

나나미 　그럼, 1500엔으로 부탁드립니다.

점원 　440엔의 거스름돈입니다.

• 플러스 회화 •   p.81

점원   주문하신 상품입니다.
동희   어느 것이 소고기덮밥 곱빼기예요?
점원   이것입니다.
동희   어라? 저건 김치예요?
점원   네, 김치입니다.
동희   죄송합니다, 김치 추가로 부탁드립니다.
점원   네, 100엔입니다.
동희   그럼, 딱 100엔으로 부탁드립니다.

제7과   p.87

• 회화 •

동희   저, 체크인 부탁드립니다.
직원   성함 부탁드립니다.
동희   제 이름은 김동희이고,
         오늘부터 2박3일의 예약입니다.
직원   김동희님.
         오늘 4월7일부터 9일까지이지요?
동희   네, 그렇습니다.
직원   객실은 507호실이고 체크아웃은 11시입니다.

• 플러스 회화 •   p.93

동희   나나미 씨는 언제 쉬는 날이에요?
나나미   저는 기본적으로 화요일이 쉬는 날이에요.
         미용실은 매주 화요일이 쉬는 날이에요.
동희   아, 그렇구나.
나나미   동희 씨는요?
         주말이 쉬는 날이에요?
동희   학생은 매일이 쉬는 날이에요.

제8과   p.99

• 회화 •

동희   저, 화장실은 어디에 있습니까?
점원   화장실은 현금인출기의 오른쪽에 있습니다.
동희   감사합니다.

동희   어라? 나나미 씨, 어디예요?
나나미   이쪽이에요.
동희   어디에 있어요?
나나미   거기 선반 뒤에 있어요.

• 플러스 회화 •   p.105

나나미   그러고 보니까, 동희 씨.
         호텔 객실에 물이 있어요?
동희씨   네, 있어요.
나나미   칫솔과 치약도 있어요?
동희   물론 있어요.
나나미   그럼, 귀신은 있어요?
동희   없어요.

제9과   p.111

• 회화 •

나나미   저, 파스는 어디입니까?
점원   어떤 파스입니까?
동희   음, 작고 동그란 파스입니다.
점원   차가운 파스입니까?
동희   차갑지 않습니다. 따뜻합니다.
점원   하얀 것과 갈색인 것이 있습니다만.
         하얀 것보다 갈색인 것을 추천합니다.
동희   그럼, 갈색인 것 주세요.

• 플러스 회화 •   p.117

동희   나나미 씨. 저 조금 머리가 아파서.
         (나나미 씨) 추천하는 좋은 약 있어요?
나나미   음, 이 약은 어때요?
         효과가 빠르고 위에 부담되지 않아요.
동희   오, 그렇구나. 혹시 써요?
나나미   조금 써요.

본문 회화 해석

제10과   p.123

• 회화 •

동희   나나미 씨, 간장은 어떤 맛이에요?

나나미   조금 짜지만 가장 인기예요.
           저도 아주 좋아하는 맛입니다.

동희   그럼, 된장과 돼지사골 육수는 어때요?

나나미   된장은 담백하고 돼지사골 육수는 진해요.
           한국에서 돼지사골 육수는 유명하지요?

동희   유명하지만 진하지 않아요.
           한국은 돼지사골 육수도 담백해요.

• 플러스 회화 •   p.129

나나미   동희 씨 라면 맛은 어때요?

동희   이 된장 국물이 담백하고 일품이에요.
           면과의 궁합도 뛰어납니다.

나나미   그래요?
           그럼, 사리 추가는 어때요?

동희   아니요, 괜찮습니다.
           저 다이어트 중이에요.

제11과   p.135

• 회화 •

동희   여기가 유명한 초밥집이에요?

나나미   네. 생선이 크고 싸니까 인기예요.
           동희 씨, 무엇을 먹을래요?

동희   저는 항상 흰 살부터 먹으니까
           광어를 고추냉이 빼고 부탁드립니다.

나나미   동희 씨는 고추냉이를 싫어해요?

동희   네. 고추냉이의 독특한 맵기가 조금….

나나미   저는 붉은 살을 좋아하니까 참치를 주문할
           게요.

• 플러스 회화 •   p.141

나나미   동희 씨, 한잔할래요?

동희   네. 그럼, 맥주 부탁드립니다.

나나미   생맥주요? 병맥주요?

동희   생맥주 500cc요.
           나나미 씨는요?

나나미   저는 단 과일 칵테일을 주문할게요.

동희   맛있어요?

나나미   이건 주스니까 물론 맛있어요.

제12과   p.147

• 회화 •

나나미   동희 씨, 또 일본에 와요?

동희   네, 물론입니다. 또 쉬는 날에 오고 싶어요.

나나미   다음에는 무엇을 하고 싶어요?

동희   맛집 투어라든지 쇼핑도 좋지만
           타워라든지 절이라든지 관광지를 보고 싶어
           요. 그리고 테마파크에 가고 싶어요.

나나미   그럼 또 올 때 연락 주세요.

동희   네. 갈 때 또 연락하겠습니다.

• 플러스 회화 •   p.153

동희   저, 죄송합니다.

직원   무엇을 찾으세요?

동희   일본의 여행 선물을 사고 싶어요.

직원   어떤 선물입니까?

동희   음. 추천은 있어요?

직원   감자라든지 초콜릿 과자가 인기입니다.
           그리고 팥소 과자도 추천입니다.

동희   그럼, 전부 주세요.

제3과　　　　　　　　p.44

1. ① あなたは 大学生_{だいがくせい}ですか。
② 彼女_{かのじょ}は 主婦_{しゅふ} じゃないです。
③ はじめまして。 私_{わたし} はキムです。

2. ① 彼_{かれ} は 友_{とも}だちですか。
② いいえ、彼は 中国人_{ちゅうごくじん} じゃないです。
③ こちらこそ どうぞ よろしくお願いします。

3. 질문▶ あのう、学生_{がくせい}ですか。
① いいえ、主婦_{しゅふ}(夫_ふ)じゃないです。
② はい、大学生_{だいがくせい}です。
③ はい、会社員_{かいしゃいん}です。

제4과　　　　　　　　p.56

1. ① これは 東京行_{とうきょうゆ}きの 列車_{れっしゃ}です。
② あれは 新幹線_{しんかんせん}じゃないです。
③ それは 誰_{だれ}のチケットですか。

2. ① それは私_{わたし}のカードですか。
② これは 品川行_{しながわゆ}きの切符_{きっぷ}です。
③ あれは 私_{わたし} の 荷物_{にもつ}じゃないです。
友_{とも}だちのです。

3. 질문▶ あのう、この荷物_{にもつ}はあなたのですか。
① いいえ、私_{わたし}じゃないです。
② はい、あなたのです。
③ はい、私_{わたし}のです。

제5과　　　　　　　　p.68

1. ① 始発_{しはつ}は 何時_{なんじ}ですか。
② 終電_{しゅうでん}は１２時_{じゅうにじ}です。
③ 今_{いま}１時半_{いちじはん}です。

2. ① スーパーは 朝_{あさ}１０時_{じゅうじ}から 夜_{よる}９時半_{くじはん}までです。
② あのう、今何時_{いまなんじ}ですか。 ７時前_{しちじまえ}です。
③ 地下鉄_{ちかてつ}は 午前_{ごぜん}４時半_{よじはん}から 午前_{ごぜん}１時_{いちじ}までですか。

3. 질문▶ あのう、今何時_{いまなんじ}ですか。
① 午後_{ごご}２時半_{にじはん}からです。
② 午前_{ごぜん}１１時_{じゅういちじ}です。
③ 朝_{あさ}８時_{はちじ}までです。

제6과　　　　　　　　p.80

1. ① 禁煙_{きんえん}でお願_{ねが}いします。
② たこ焼_やきは５５０円_{ごひゃくごじゅうえん}です。
③ すみません、ジュースください。

2. ① ポテトは１５０円_{ひゃくごじゅうえん}、サラダは１３０円_{ひゃくさんじゅうえん}です。
② 寿司_{すし}は１７８０円_{せんななひゃくはちじゅうえん}、天_{てん}ぷらは６４０円_{ろっぴゃくよんじゅうえん}です。
③ ラーメンとチャーハン、合計_{ごうけい}１０３０円_{せんさんじゅうえん}です。 ２０００円_{にせんえん}でお願_{ねが}いします。

3. 질문▶ あのう、これください。
① １９８０円_{せんきゅうひゃくはちじゅうえん}です。
② ご注文_{ちゅうもん}どうぞ。
③ １００円_{ひゃくえん}のおつりです。

듣기 연습 스크립트

제7과 p.92

1. ① 今日は7月8日です。
② あなたの誕生日はいつですか。
③ 宿泊は火曜日から木曜日までです。

2. ① 昨日は4日で、今日は5日です。
② これがルームキーで、お部屋は禁煙です。
③ 今日は金曜日で、明日は土曜日です。

3. 질문 ▶ あのう、チェックインお願いします。
① チェックアウトは１１時です。
② お名前お願いします。
③ 明日は日曜日です。

제8과 p.104

1. ① コンビニはホテルの中にあります。
② イさんは日本にいます。
③ レジはどこですか。

2. ① 地下鉄の駅はどこにありますか。
② トイレはそこの奥にあります。
③ 友だちは店の外にいます。

3. 질문 ▶ あのう、駅はどこにありますか。
① ここにいます。
② どこですか。
③ あっちにあります。

제9과 p.116

1. ① ソウルは東京より寒いです。
② これは茶色い湿布ですか。
③ この薬は効き目が早いですけど、高いです。

2. ① あのドラッグストアはお菓子が安いです。
② この化粧品は高いけど良くないです。
③ ここの料理は量が多くておいしいですか。

3. 질문 ▶ あのう、これはどんな薬ですか。
① 白くて、苦いです。
② 黄色くて、甘いです。
③ 赤くて、辛いです。

제10과 p.128

1. ① あなたはどんな味が好きですか。
② 韓国で日本のラーメンが人気です。
③ 私は豚骨スープが一番嫌いです。

2. ① このホテルはおしゃれでコンパクトです。
② あそこのビールはおいしいけど有名じゃないです。
③ ここの独特な日本酒は嫌いですか。

3. 질문 ▶ あのう、ラーメンの味はどうですか。
① にぎやかです。
② まあまあです。
③ 必要です。

제11과 p.140

1. ① 金曜日は時間があるので、一緒に飲みますか。
   ② すみません、ちょっとトイレを使います。
   ③ ラーメンをねぎ抜きでお願いします。

2. ① おしゃれなので、このホテルに泊まります。
   ② キムチを頼むので、追加でお金を払います。
   ③ あの店は人気がないので、待ちません。

3. 질문▶ あのう、明日何をしますか。
   ① 友だちとお酒を飲みます。
   ② カフェで本を読みます。
   ③ 友だちとコーヒーを飲みます。

제12과 p.152

1. ① 朝10時に、空港に行きますか。
   ② テーマパークは東京とか大阪にあります。
   ③ 電車に乗る時、連絡ください。

2. ① 夏休みに博多に行きたいですか。
   ② 7時にレストランを予約したいです。
   ③ 食べ歩きする時は私が案内します。

3. 질문▶ あのう、日本で何がしたいですか。
   ① お寺を見たいです。
   ② テーマパークに行きたいです。
   ③ トイレを使いたいです。

🎵 트랙 목차

Track 01-01	히라가나 50음도표	Track 04-01	제4과 미리보기 / 회화
Track 01-02	히라가나 청음_あ행	Track 04-02	제4과 듣기 연습_문제1~2
Track 01-03	히라가나 청음_か행	Track 04-03	제4과 듣기 연습_문제3
Track 01-04	히라가나 청음_さ행	Track 04-04	제4과 플러스 회화
Track 01-05	히라가나 청음_た행	Track 05-01	제5과 미리보기 / 회화
Track 01-06	히라가나 청음_な행	Track 05-02	제5과 듣기 연습_문제1~2
Track 01-07	히라가나 청음_は행	Track 05-03	제5과 듣기 연습_문제3
Track 01-08	히라가나 청음_ま행	Track 05-04	제5과 플러스 회화
Track 01-09	히라가나 청음_や행	Track 06-01	제6과 미리보기 / 회화
Track 01-10	히라가나 청음_ら행	Track 06-02	제6과 듣기 연습_문제1~2
Track 01-11	히라가나 청음_わ행	Track 06-03	제6과 듣기 연습_문제3
Track 01-12	히라가나 탁음_が행	Track 06-04	제6과 플러스 회화
Track 01-13	히라가나 탁음_ざ행	Track 07-01	제7과 미리보기 / 회화
Track 01-14	히라가나 탁음_だ행	Track 07-02	제7과 듣기 연습_문제1~2
Track 01-15	히라가나 탁음_ば행	Track 07-03	제7과 듣기 연습_문제3
Track 01-16	히라가나 반탁음_ぱ행	Track 07-04	제7과 플러스 회화
Track 01-17	읽기 연습 (p.18)	Track 08-01	제8과 미리보기 / 회화
Track 01-18	읽기 연습 (p.19)	Track 08-02	제8과 듣기 연습_문제1~2
Track 02-01	가타카나 50음도표	Track 08-03	제8과 듣기 연습_문제3
Track 02-02	가타카나 청음_ア행	Track 08-04	제8과 플러스 회화
Track 02-03	가타카나 청음_カ행	Track 09-01	제9과 미리보기 / 회화
Track 02-04	가타카나 청음_サ행	Track 09-02	제9과 듣기 연습_문제1~2
Track 02-05	가타카나 청음_タ행	Track 09-03	제9과 듣기 연습_문제3
Track 02-06	가타카나 청음_ナ행	Track 09-04	제9과 플러스 회화
Track 02-07	가타카나 청음_ハ행	Track 10-01	제10과 미리보기 / 회화
Track 02-08	가타카나 청음_マ행	Track 10-02	제10과 듣기 연습_문제1~2
Track 02-09	가타카나 청음_ヤ행	Track 10-03	제10과 듣기 연습_문제3
Track 02-10	가타카나 청음_ラ행	Track 10-04	제10과 플러스 회화
Track 02-11	가타카나 청음_ワ행	Track 11-01	제11과 미리보기 / 회화
Track 02-12	요음	Track 11-02	제11과 듣기 연습_문제1~2
Track 02-13	읽기 연습 (p.32)	Track 11-03	제11과 듣기 연습_문제3
Track 02-14	읽기 연습 (p.33)	Track 11-04	제11과 플러스 회화
Track 03-01	제3과 미리보기 / 회화	Track 12-01	제12과 미리보기 / 회화
Track 03-02	제3과 듣기 연습_문제1~2	Track 12-02	제12과 듣기 연습_문제1~2
Track 03-03	제3과 듣기 연습_문제3	Track 12-03	제12과 듣기 연습_문제3
Track 03-04	제3과 플러스 회화	Track 12-04	제12과 플러스 회화

동양북스 채널에서 더 많은 도서
더 많은 이야기를 만나보세요!

 유튜브

 인스타그램

 블로그

 포스트

 페이스북

 카카오뷰

동양북스

외국어 출판 45년의 신뢰
외국어 전문 출판 그룹
동양북스가 만드는 책은 다릅니다.

45년의 쉼 없는 노력과 도전으로 책 만들기에 최선을 다해온
동양북스는 오늘도 미래의 가치에 투자하고 있습니다.
대한민국의 내일을 생각하는 도전 정신과 믿음으로 최선을 다하겠습니다.

동양북스

일본어
펜맨십

동양북스

あ	一	十	あ	あ	あ	あ	あ
아[a]							

い	し	い	い	い	い	い	い
이[i]							

う	`	う	う	う	う	う	う
우[u]							

え	`	え	え	え	え	え	え
에[e]							

お	`	お	お	お	お	お	お
오[o]							

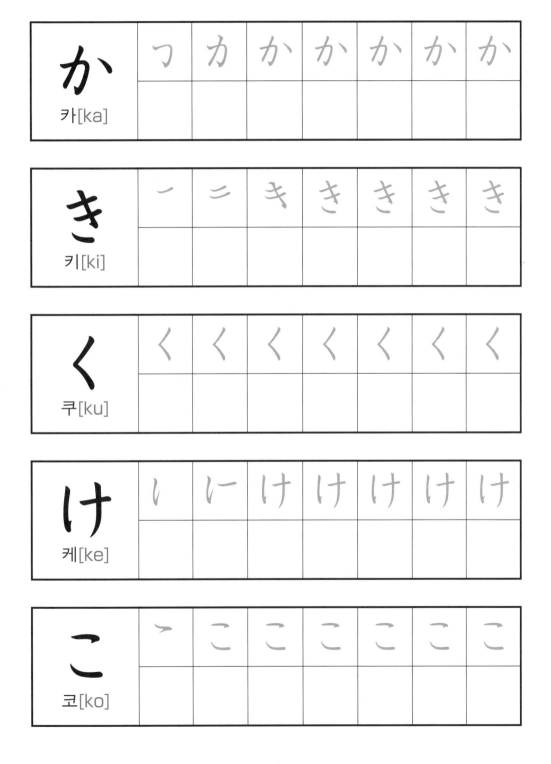

か 카[ka]	つ	カ	か	か	か	か	か
き 키[ki]	ー	ニ	き	き	き	き	き
く 쿠[ku]	く	く	く	く	く	く	く
け 케[ke]	し	し	け	け	け	け	け
こ 코[ko]	ヽ	こ	こ	こ	こ	こ	こ

さ 사[sa]	ー	ナ	さ	さ	さ	さ	さ

し 시[shi]	し	し	し	し	し	し	し

す 스[su]	一	す	す	す	す	す	す

せ 세[se]	一	ナ	せ	せ	せ	せ	せ

そ 소[so]	そ	そ	そ	そ	そ	そ	そ

た	ー	ナ	た	た	た	た	た
타[ta]							

ち	ー	ち	ち	ち	ち	ち	ち
치[chi]							

つ	つ	つ	つ	つ	つ	つ	つ
츠[tsu]							

て	て	て	て	て	て	て	て
테[te]							

と	`	と	と	と	と	と	と
토[to]							

な	ー	ナ	た	な	な	な	な
나[na]							

に	い	い	に	に	に	に	に
니[ni]							

ぬ	＼	ぬ	ぬ	ぬ	ぬ	ぬ	ぬ
누[nu]							

ね	丿	ね	ね	ね	ね	ね	ね
네[ne]							

の	の	の	の	の	の	の	の
노[no]							

は	い	に	は	は	は	は	は
하[ha]							

ひ	ひ	ひ	ひ	ひ	ひ	ひ	ひ
히[hi]							

ふ	`	ら	ふ	ふ	ふ	ふ	ふ
후[fu]							

へ	へ	へ	へ	へ	へ	へ	へ
헤[he]							

ほ	い	に	に	ほ	ほ	ほ	ほ
호[ho]							

ま	一	二	ま	ま	ま	ま	ま
마[ma]							

み	み	み	み	み	み	み	み
미[mi]							

む	一	も	む	む	む	む	む
무[mu]							

め	＼	め	め	め	め	め	め
메[me]							

も	し	も	も	も	も	も	も
모[mo]							

や 야[ya]	っ	う	や	や	や	や	や

ゆ 유[yu]	い	ゆ	ゆ	ゆ	ゆ	ゆ	ゆ

よ 요[yo]	`	よ	よ	よ	よ	よ	よ

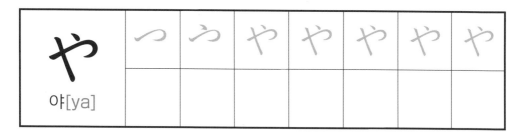

쓰기 어려운 글자 연습

え 에
な 나

お 오
ぬ 누

そ 소
み 미

ら	`	ら	ら	ら	ら	ら	ら
라[ra]							

り	۱	り	り	り	り	り	り
리[ri]							

る	る	る	る	る	る	る	る
루[ru]							

れ	۱	れ	れ	れ	れ	れ	れ
레[re]							

ろ	ろ	ろ	ろ	ろ	ろ	ろ	ろ
로[ro]							

わ	し	わ	わ	わ	わ	わ	わ
와[wa]							

を	一	ナ	を	を	を	を	を
오[o]							

ん	ん	ん	ん	ん	ん	ん	ん
응[N]							

쓰기 어려운 글자 연습

め	ひ	る
메	히	루
れ	わ	を
레	와	오

ア	⁻	ア	ア	ア	ア	ア	ア
아[a]							

イ	ノ	ノ	イ	イ	イ	イ	イ
이[i]							

ウ	`	`ヽ	ウ	ウ	ウ	ウ	ウ
우[u]							

エ	ー	丁	エ	エ	エ	エ	エ
에[e]							

オ	ー	才	オ	オ	オ	オ	オ
오[o]							

カ	フ	カ	カ	カ	カ	カ	カ
카[ka]							

キ	一	二	キ	キ	キ	キ	キ
키[ki]							

ク	ノ	ク	ク	ク	ク	ク	ク
쿠[ku]							

ケ	ノ	ヶ	ケ	ケ	ケ	ケ	ケ
케[ke]							

コ	コ	コ	コ	コ	コ	コ	コ
코[ko]							

| サ | 一 | 十 | サ | サ | サ | サ | サ |
| 사[sa] | | | | | | | |

| シ | ` | ミ | シ | シ | シ | シ | シ |
| 시[shi] | | | | | | | |

| ス | フ | ス | ス | ス | ス | ス | ス |
| 스[su] | | | | | | | |

| セ | ⁻ | セ | セ | セ | セ | セ | セ |
| 세[se] | | | | | | | |

| ソ | ` | ソ | ソ | ソ | ソ | ソ | ソ |
| 소[so] | | | | | | | |

14

タ	ノ	ク	タ	タ	タ	タ	タ
타[ta]							

チ	´	二	チ	チ	チ	チ	チ
치[chi]							

ツ	`	``	ツ	ツ	ツ	ツ	ツ
츠[tsu]							

テ	一	二	テ	テ	テ	テ	テ
테[te]							

ト	l	ト	ト	ト	ト	ト	ト
토[to]							

ナ	一	ナ	ナ	ナ	ナ	ナ	ナ
나[na]							

二	一	二	二	二	二	二	二
니[ni]							

ヌ	フ	ヌ	ヌ	ヌ	ヌ	ヌ	ヌ
누[nu]							

ネ	`	ラ	ネ	ネ	ネ	ネ	ネ
네[ne]							

ノ	ノ	ノ	ノ	ノ	ノ	ノ	
노[no]							

ハ 하[ha]	ノ	ハ	ハ	ハ	ハ	ハ	ハ

ヒ 히[hi]	ヽ	ヒ	ヒ	ヒ	ヒ	ヒ	ヒ

フ 후[fu]	フ	フ	フ	フ	フ	フ	フ

ヘ 헤[he]	ヘ	ヘ	ヘ	ヘ	ヘ	ヘ	ヘ

ホ 호[ho]	一	ナ	オ	ホ	ホ	ホ	ホ

マ	ㄱ	マ	マ	マ	マ	マ	マ
마[ma]							

ミ	`	`	ㅤ	ㅤ	ㅤ	ㅤ	ㅤ
미[mi]							

ム	ㄴ	ム	ム	ム	ム	ム	ム
무[mu]							

メ	ノ	メ	メ	メ	メ	メ	メ
메[me]							

モ	ー	二	モ	モ	モ	モ	モ
모[mo]							

ヤ	⁻	⁻	ヤ	ヤ	ヤ	ヤ	ヤ	ヤ
야[ya]								

ユ	コ	ユ	ユ	ユ	ユ	ユ	ユ
유[yu]							

ヨ	コ	⁻	ヨ	ヨ	ヨ	ヨ	ヨ
요[yo]							

헷갈리는 글자 똑바로 쓰기

シ	ツ		コ	ユ
시	츠		코	유
オ	ネ		ホ	モ
오	네		호	모

가타카나 청음

ラ 라[ra]	一	ラ	ラ	ラ	ラ	ラ	ラ

リ 리[ri]	｜	リ	リ	リ	リ	リ	リ

ル 루[ru]	ノ	ル	ル	ル	ル	ル	ル

レ 레[re]	レ	レ	レ	レ	レ	レ	レ

ロ 로[ro]	｜	ㄇ	ロ	ロ	ロ	ロ	ロ

ワ	ヽ	ワ	ワ	ワ	ワ	ワ	ワ
와[wa]							

ヲ	ー	ニ	ヲ	ヲ	ヲ	ヲ	ヲ
오[o]							

ン	丶	ン	ン	ン	ン	ン	ン
응[N]							

헷갈리는 글자 똑바로 쓰기

ソ	ン		ラ	ヲ
소	응		라	오

が 가[ga]	つ	カ	か	が	が	が	が

ぎ 기[gi]	＼	ニ	キ	き	ぎ	ぎ	ぎ

ぐ 구[gu]	く	ぐ	ぐ	ぐ	ぐ	ぐ	ぐ

げ 게[ge]	＼	し	け	げ	げ	げ	げ

ご 고[go]	＼	こ	ご	ご	ご	ご	ご

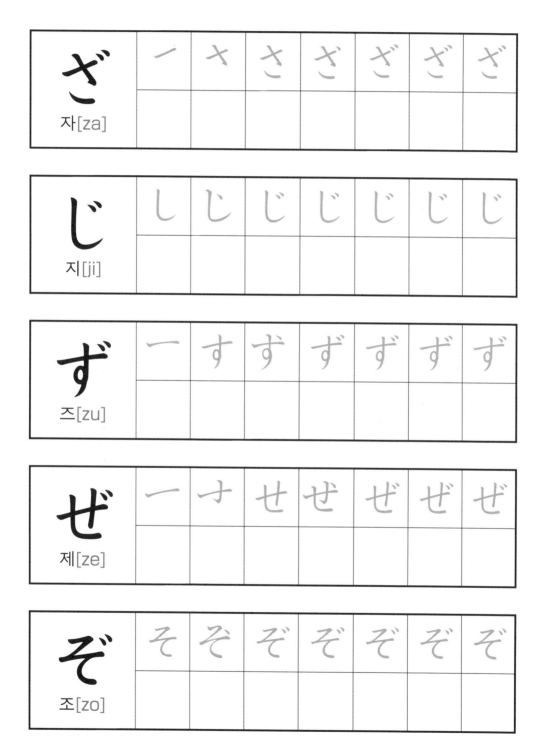

ざ	ー	ナ	ざ	ざ	ざ	ざ	ざ
자[za]							

じ	し	じ	じ	じ	じ	じ	じ
지[ji]							

ず	一	す	ず	ず	ず	ず	ず
즈[zu]							

ぜ	一	ナ	ぜ	ぜ	ぜ	ぜ	ぜ
제[ze]							

ぞ	ぞ	ぞ	ぞ	ぞ	ぞ	ぞ	ぞ
조[zo]							

だ	⸝	ナ	た	だ	だ	だ	だ
다[da]							

ぢ	⸝	ち	ち	ぢ	ぢ	ぢ	ぢ
지[ji]							

づ	つ	づ	づ	づ	づ	づ	づ
즈[zu]							

で	て	で	で	で	で	で	で
데[de]							

ど	⸜	と	ど	ど	ど	ど	ど
도[do]							

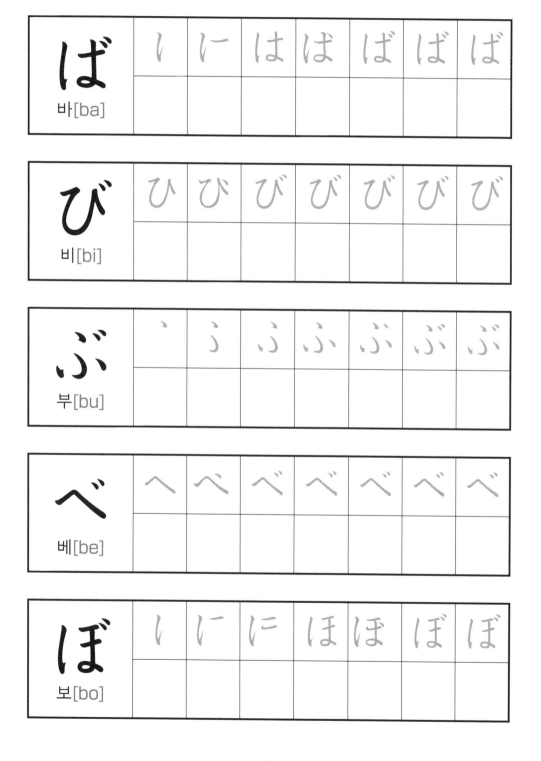

ば	l	に	は	ば	ば	ば	ば
바[ba]							

び	ひ	ひ	び	び	び	び	び
비[bi]							

ぶ	`	う	ふ	ふ	ぶ	ぶ	ぶ
부[bu]							

べ	へ	べ	べ	べ	べ	べ	べ
베[be]							

ぼ	l	に	に	ほ	ほ	ぼ	ぼ
보[bo]							

ガ 가[ga]	フ	カ	カ	ガ	ガ	ガ	ガ

ギ 기[gi]	ー	ニ	キ	ギ	ギ	ギ	ギ

グ 구[gu]	ノ	ク	グ	グ	グ	グ	グ

ゲ 게[ge]	ノ	ト	ケ	ケ	ゲ	ゲ	ゲ

ゴ 고[go]	フ	コ	ゴ	ゴ	ゴ	ゴ	ゴ

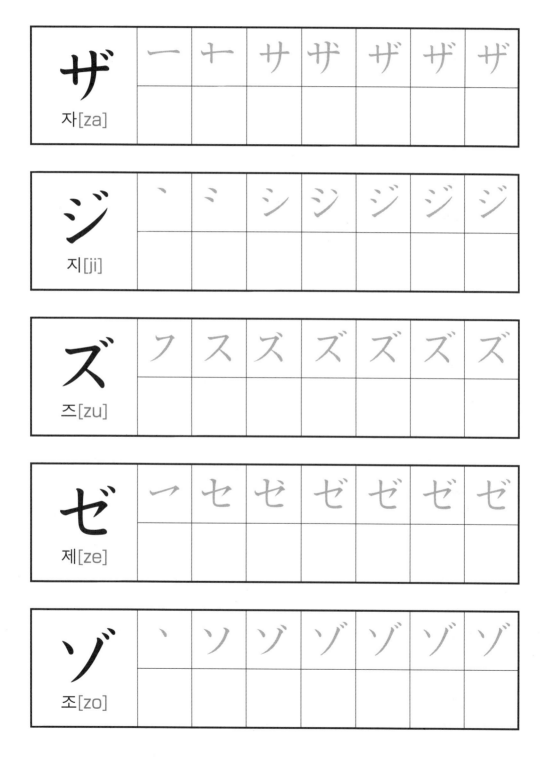

| ザ | 一 | 十 | サ | ザ | ザ | ザ | ザ |
| 자[za] | | | | | | | |

| ジ | ` | ` | シ | ジ | ジ | ジ | ジ |
| 지[ji] | | | | | | | |

| ズ | フ | ス | ズ | ズ | ズ | ズ | ズ |
| 즈[zu] | | | | | | | |

| ゼ | 一 | セ | セ | ゼ | ゼ | ゼ | ゼ |
| 제[ze] | | | | | | | |

| ゾ | ` | ソ | ゾ | ゾ | ゾ | ゾ | ゾ |
| 조[zo] | | | | | | | |

ダ 다[da]	ノ	ク	タ	ダ	ダ	ダ	ダ

ヂ 지[ji]	ー	二	チ	ヂ	ヂ	ヂ	ヂ

ヅ 즈[zu]	`	``	ツ	ヅ	ヅ	ヅ	ヅ

デ 데[de]	ー	二	テ	テ	デ	デ	デ

ド 도[do]	l	ト	ト	ド	ド	ド	ド

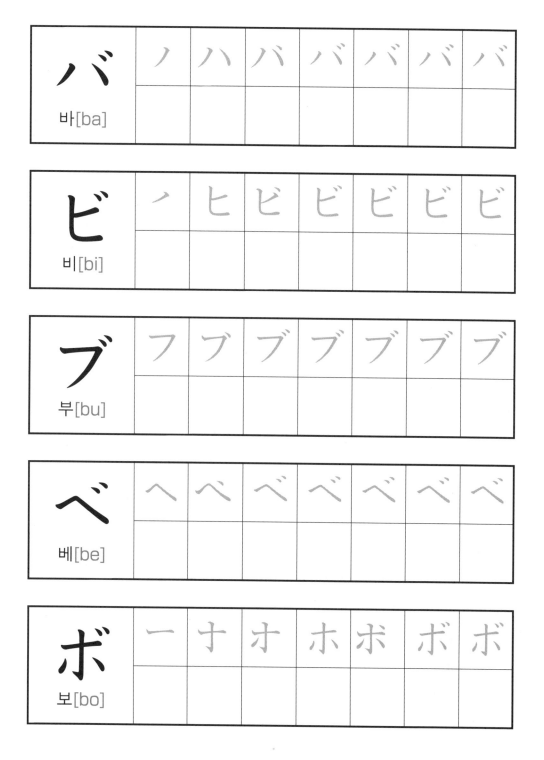

ぱ 파[pa]	し	に	は	ぱ	ぱ	ぱ	ぱ

ぴ 피[pi]	ひ	ぴ	ぴ	ぴ	ぴ	ぴ	ぴ

ぷ 푸[pu]	ヽ	ふ	ふ	ぶ	ぶ	ぶ	ぶ

ぺ 페[pe]	へ	ぺ	ぺ	ぺ	ぺ	ぺ	ぺ

ぽ 포[po]	し	に	に	ほ	ぽ	ぽ	ぽ

パ	ノ	ハ	パ	パ	パ	パ	パ
파[pa]							

ピ	´	ヒ	ピ	ピ	ピ	ピ	ピ
피[pi]							

プ	フ	プ	プ	プ	プ	プ	プ
푸[pu]							

ペ	ヘ	ペ	ペ	ペ	ペ	ペ	ペ
페[pe]							

ポ	一	ナ	オ	ホ	ポ	ポ	ポ
포[po]							

きゃ	きゃ	きゅ	きゅ	きょ	きょ
캬[kya]		큐[kyu]		쿄[kyo]	

ぎゃ	ぎゃ	ぎゅ	ぎゅ	ぎょ	ぎょ
갸[gya]		규[gyu]		교[gyo]	

しゃ	しゃ	しゅ	しゅ	しょ	しょ
샤[sha]		슈[shu]		쇼[sho]	

じゃ	じゃ	じゅ	じゅ	じょ	じょ
쟈[ja]		쥬[ju]		죠[jo]	

ちゃ	ちゃ	ちゅ	ちゅ	ちょ	ちょ
챠[cha]		츄[chu]		쵸[cho]	

にゃ	にゃ	にゅ	にゅ	にょ	にょ
냐[nya]		뉴[nyu]		뇨[nyo]	

ひゃ	ひゃ	ひゅ	ひゅ	ひょ	ひょ
햐[hya]		휴[hyu]		효[hyo]	

びゃ	びゃ	びゅ	びゅ	びょ	びょ
뱌[bya]		뷰[byu]		뵤[byo]	

ぴゃ	ぴゃ	ぴゅ	ぴゅ	ぴょ	ぴょ
퍄[pya]		퓨[pyu]		표[pyo]	

みゃ	みゃ	みゅ	みゅ	みょ	みょ
먀[mya]		뮤[myu]		묘[myo]	

りゃ	りゃ	りゅ	りゅ	りょ	りょ
랴[rya]		류[ryu]		료[ryo]	

キャ	キャ	キュ	キュ	キョ	キョ
캬[kya]		큐[kyu]		쿄[kyo]	

ギャ	ギャ	ギュ	ギュ	ギョ	ギョ
갸[gya]		규[gyu]		교[gyo]	

シャ	シャ	シュ	シュ	ショ	ショ
샤[sha]		슈[shu]		쇼[sho]	

ジャ	ジャ	ジュ	ジュ	ジョ	ジョ
쟈[ja]		쥬[ju]		죠[jo]	

チャ	チャ	チュ	チュ	チョ	チョ
챠[cha]		츄[chu]		쵸[cho]	

ニャ	ニャ	ニュ	ニュ	ニョ	ニョ
냐[nya]		뉴[nyu]		뇨[nyo]	

가타카나
요음

ヒャ	ヒャ	ヒュ	ヒュ	ヒョ	ヒョ
햐[hya]		휴[hyu]		효[hyo]	

ビャ	ビャ	ビュ	ビュ	ビョ	ビョ
뱌[bya]		뷰[byu]		뵤[byo]	

ピャ	ピャ	ピュ	ピュ	ピョ	ピョ
퍄[pya]		퓨[pyu]		표[pyo]	

ミヤ 먀[mya]	ミヤ	ミュ 뮤[myu]	ミュ	ミヨ 묘[myo]	ミヨ

リャ 랴[rya]	リャ	リュ 류[ryu]	リュ	リョ 료[ryo]	リョ

📖 동양북스

www.dongyangbooks.com

www.dongyangtv.com